Erich Buchholz

Unrechtsstaat DDR? Rechtsstaat BRD?

Ein Jurist antwortet

edition ost

Das Buch

Der Verlag erweitert sein Angebot nützlicher rechtsgeschichtlich-rechtswissenschaftlicher Bücher. Endrik Wilhelm hat mit „Rechtsbeugung in der DDR" den Charakter der westdeutschen Rechtsprechung über Amtsträger der DDR ausführlich dargelegt. Und Friedrich Wolff hat in dem mehrfach aufgelegten Buch „Einigkeit und Recht" die Geschichte der reaktionären Rechtsprechung in Deutschland zusammengefaßt und einem Entwurf sozialistischer Gesetzlichkeit gegenübergestellt. Mit den Arbeiten von Erich Buchholz soll nun neben der Kritik der bundesdeutschen Rechtsordnung auch illustrativ die Rechtspraxis und Rechtstheorie der Deutschen Demokratischen Republik beleuchtet und mit der der BRD verglichen werden. Ausgehend von den Forderungen des Potsdamer Abkommens, macht der Autor das Verhältnis der deutschen Justiz zu alten und neuen Nazis zum Leitfaden seiner Untersuchungen.

Der Autor

Prof. Dr. Erich Buchholz, geb. 1927, Rechtsanwalt in Berlin; war Jurist an der Humboldt-Universität; 1956 Promotion (über Strafzumessung); 1963 Habilitation (zum Diebstahl), seit 1957 Dozent, seit 1965 Professor, Leiter des Instituts für Strafrecht. 1966 Dekan der Juristischen Fakultät, 1976 Direktor der Sektion Rechtswissenschaft. Vorsitzender des wissenschaftlichen Beirats für Rechtswissenschaft beim Minister für Hoch- und Fachschulwesen. Viele Publikationen, auch in Polen, der Sowjetunion, Italien, Frankreich, Schweden, den USA und in der BRD. Verantwortliche Mitwirkung und Herausgeberschaft bei Lehrbüchern. Mitautor des Buches »Sozialistische Kriminologie«, das ins Englische, Russische und Japanische übersetzt wurde. Teilnahme an zahlreichen wiss. Konferenzen im In- und Ausland sowie an UN-Kongressen. Mitglied in mehreren internationalen Vereinigungen. Seit 1990 Rechtsanwalt.

Inhalt

Unrecht in der BRD?

Vorwort

Mit Rechtsfragen war ich bereits vor 1945 konfrontiert, im Zusammenhang mit der Ehescheidung meiner Eltern; in diesem Ehescheidungsprozeß wurde ich als Kind vor dem Gericht angehört.

Nach 1945 begann ich mit dem Jura-Studium. Wir studierten damals das überkommene Recht, also die großen Gesetzbücher aus der Kaiserzeit, das BGB, das StGB, das GVG, die StPO und die ZPO mit verschiedenen im Laufe der Jahre vorgenommenen Änderungen und bereinigt von nazistischen Vorschriften.

Nach meinem Studium beschritt ich die wissenschaftliche Laufbahn, wurde Hochschullehrer und habe dann an der Gestaltung des Rechts der DDR, vornehmlich ihres Strafrechts mitgewirkt. Aufgrund verschiedener akademischer Ämter machte ich mich auch mit wesentlichen Fragen anderer Rechtszweige vertraut.

Darüber hinaus habe ich auch die Rechtsentwicklung in der Bundesrepublik, vor allem auf strafrechtlichem Gebiet verfolgt. Über meinen Lebensweg, meine juristischen und allgemeinen Lebenserfahrungen gibt mein Buch „Dem Unrecht wehren. Ein Berliner Jurist erzählt" (Berlin 2006) Auskunft.

Als die DDR am 3. Oktober 1990 dem „Geltungsbereich des Grundgesetzes" beitrat und nun die alten kaiserlichen Gesetzbücher – z. T. modernisiert – auch für das Beitrittsgebiet Geltung erlangten, wurde mir überdeutlich, daß ich – jedenfalls auf juristischem Gebiet – in die vorsozialistische Zeit zurückgeworfen worden war.

Überdies bekam ich jetzt als Rechtsanwalt Gelegenheit, die bundesdeutsche Justizpraxis unmittelbar zu erleben und sie mit der mir aus der DDR geläufigen zu vergleichen. Auch in dieser Hinsicht erlebte ich den Rückfall sehr deutlich: denn an die Stelle einer bürgernahen Justiz, die sich auf für die Menschen verständlichere Gesetze stützen konnte, wurde – vom Grundsatz her – wieder die alte Justiz gegenüber den Bürgern wirksam. Im Zivilprozeß, jedenfalls im Anwaltsprozeß, wo die Bürger von Rechtsanwälten vertreten werden, verhandelt das Gericht – sofern die Bürger als Partei überhaupt anwesend sind – in aller Regel nicht mit ihnen, sondern nur mit den Anwälten.

Tatsache ist, daß sich für die Bürger aus dem Beitrittsgebiet mit dem 3.10.1990 die reine Rechtslage auf fast allen Gebieten erheblich verschlechterte und sie massenhaft Rechte verloren, die für sie in der DDR Selbstverständlichkeiten waren. Dabei berücksichtige ich schon gar nicht, welche vielfach negativen Auswirkungen sich aus den tatsächlichen, vor allem wirtschaftlichen Veränderungen, so vornehmlich der wachsenden Arbeitslosigkeit, für sie ergaben und weiterhin ergeben.

Besonders anschaulich ist der Verlust von Rechten im Arbeitsrecht, im Mietrecht, im Familienrecht, überhaupt im Prozeßrecht.

Ehemalige DDR-Bürger merkten, wie ich das von unseren Mandanten erfuhr, sehr bald, daß sie in dieser bundesdeutschen Rechtsordnung ohne einen Rechtsanwalt, den sie im Regelfall selbst bezahlen mußten, verloren waren.

In der DDR konnten sie die wenigen Rechtsstreitigkeiten meist ohne einen Anwalt bewältigen.

Und dann dauern die Prozesse ewig.

Ein Thema für sich sind die Restitutionsverfahren, im Gefolge derer viele DDR-Bürger von „ihren" Grundstücken bzw. Häusern verjagt wurden und werden, die sie über Jahrzehnte gehegt und gepflegt hatten – nur weil sie nicht förmlich Eigentümer daran geworden sind.

Als mir, auch durch meine anwaltliche Praxis, bewußt wurde, daß die DDR-Bürger über Nacht – fast wie bei einer Kolonialisierung – unter ein ihnen fremdes Recht und unter eine ihnen ungewohnte und fremdartige Justiz gefallen waren, versuchte ich, durch ratgebende kleine Beiträge (vornehmlich im „Neuen Deutschland" unter der Rubrik „Recht im Alltag") Aufklärung zu geben.

Da ich das alte Recht, das Recht der DDR und das nun als

bundesdeutsches Recht wieder aktuell gewordene alte Recht kannte, war es mir eher möglich, diese Unterschiede verständlich zu machen und praktische Hinweise zu geben.

Aus all diesen kleinen Beiträgen erschien im Jahre 1996 ein Buch „Recht im Alltag“ (verlag am park).

Darüber hinaus habe ich in verschiedenen mir möglichen Formen – nicht vorrangig für Juristen – Beiträge zu Vorgängen im bundesdeutschen Recht geschrieben, darunter viele, die aus meiner anwaltlichen Praxis, besonders als Strafverteidiger, erwuchsen.

Aufgrund gegebener Anregung werden in diesem Buch mehrere zu verschiedenen Zeiten in anderen Zusammenhängen veröffentlichte Beiträge zusammengefaßt.

Es handelt sich um sehr unterschiedliche Aufsätze, zum einen um solche, die eine Gegenüberstellung von Regelungen des Rechts der DDR und der Bundesrepublik betreffen, bei denen deutlich wird, was die DDR-Bürger an Rechten verloren.

Auch zur entgegengesetzten Kriminalitätsentwicklung in der DDR und in der Bundesrepublik hatte ich mich geäußert, ebenso zu aktuellen Rechtsfragen sowie aus Anlaß von Jahrestagen, so dem 60. Jahrestag des Potsdamer Abkommens und des Nürnberger Prozesses gegen die Hauptkriegsverbrecher.

Eine Reihe von Aufsätzen resultierten aus meinen Erfahrungen als Strafverteidiger in Prozessen, in denen DDR-Bürger – DDR Hoheitsträger – wegen Handlungen strafrechtlich verfolgt wurden, die nach dem DDR-Recht, unter dem sie diese vor 1989 vorgenommen hatten, rechtmäßige Handlungen waren und aufgrund des Einigungsvertrages auch als solche zu beurteilen sind.

Da ich das Strafrecht der DDR mit am besten kenne, vermochte ich die Unrechtmäßigkeit dieser Verfolgung mit den daraus erwachsenen Unrechtsurteilen bundesdeutscher Gerichte juristisch darzulegen: diese Verurteilungen waren juristisch nur möglich, weil die betreffenden Richter das DDR-Recht mit allen möglichen juristischen Konstruktionen verdreht und verfälscht haben. (Ausführlich dazu mein Beitrag in dem Buch „Siegerjustiz?“, Berlin 2003)

In der vorgelegten Veröffentlichung sind weiterhin auch verschiedene grundsätzliche Beiträgen zu Rechtsfragen, zur Stellung der Gerichte und der Unabhängigkeit der Richter versammelt, zu denen auch deshalb sich zu äußern Veranlassung bestand, weil der DDR vorgeworfen wurde und wird, ein Unrechtstaat gewesen zu sein.

Aus meiner vieljährigen internationalen Erfahrung, vor allem auf dem Gebiete des Strafrechts, (aus Konferenzen und Kongressen) weiß ich, daß dieser Kampfbegriff „Unrechtsstaat DDR“ in dem Augenblick aktuell wurde und seither strapaziert wird, als es darum ging, die DDR zu beseitigen und der Bundesrepublik einzuverleiben.

Es war gerade dieser Kampfbegriff, der – auch durch die Medien – massenhaft propagiert wurde, um im Sinne des Auftrags des damaligen Bundesjustizministers Kinkel die DDR zu delegitimieren.

Offensichtlich hatte man Sorge, die DDR-Bürger könnten ihren Staat und das Recht ihres Staates wie auch viele andere soziale Errungenschaften der DDR in zu guter Erinnerung behalten. Deshalb mußte ein mediales Trommelfeuer entfaltet werden, um dem entgegenzuwirken.

Die nachfolgenden in diesem Buch erneut veröffentlichten Aufsätze aus dem letzten Jahrzehnt sind eigenständige Beiträge, jeder für sich.

In ihrer Gesamtheit vermögen sie ein Bild zu vermitteln, und zwar zunächst das, das ich aufgrund meiner Sachkenntnis von den betreffenden Gegenständen und Vorgängen habe.

Es sei dem Leser überlassen, inwieweit er meinen Auffassungen folgen oder nachfragen möchte.

Berlin, im Juni 2006 Erich Buchholz

Rechtsfragen des Potsdamer Abkommens – Zur Überwindung des Faschismus

Mit schlimmen Erlebnissen und einem Granatsplitter im Bein aus dem Krieg heimgekehrt, gab es für mich nur eine Schlußfolgerung aus der Lebensgrunderfahrung des Hitler-Krieges: Nie wieder Krieg, nie wieder Faschismus!

Aufgrund ähnlicher Erfahrungen zog auch (der Theologe) Hanfried Müller eine ähnliche Schlußfolgerung. Ich darf mich zu seiner Generation zählen.

Auch aus diesem Grunde möchte ich mit diesem Beitrag das Lebenswerk des Jubilars würdigen, zumal mir sein besonderes Interesse an juristischen Fragen geläufig ist.

Wir begegneten uns das erste Mal in den frühen 50er Jahren bei Friedensaktivitäten in der Humboldt Universität. Später hatten wir an dieser Universität noch des öfteren miteinander zu tun. Noch enger wurden unsere Beziehungen nach 1990, als ich die Möglichkeit nutzte, in den Weißenseer Blättern Beiträge zu veröffentlichen.

In diesem Jahre jährte sich zum 60. Mal der Abschluß des Potsdamer Abkommens.

Ich erinnere mich noch sehr genau an den August des Jahres 1945, als in Berlin der Text dieses Abkommens vom 2. August 1945 mit den Unterschriften Attlees, Trumans und Stalins an die Litfaßsäulen geklebt wurde. Viele Menschen standen herum, schweigend, mit düsteren Gesichtern, voller Zweifel und Angst, was die Sieger über Deutschland mit dem deutschen Volk vorhatten.

Nach den beispiellosen Untaten und Verbrechen der Nazis, die von Millionen Deutschen in dieser oder jener Weise unterstützt, zumindest toleriert worden waren, war es nicht abwegig zu erwarten, daß die Alliierten als Sieger von den Deutschen Sühne und Wiedergutmachung verlangen und daß sie Maßnahmen vorsehen würden, damit Deutschland nicht zum dritten Mal einen Weltkrieg vom Zaun brechen könnte.

Mich haben im Text des Potsdamer Abkommens zwei Aussagen besonders bewegt:

– Die Vernichtung und Ausrottung des Hitler-Faschismus mit Stumpf und Stiel.

– Die Chance des deutschen Volkes als antifaschistisches, friedliebendes und demokratisches Glied in der internationalen Völkergemeinschaft.

Darin lag nicht nur eine zwingende Konsequenz aus dem, was die Nazis mit maßgeblicher Unterstützung Millionen Deutscher anderen Völkern angetan hatten, sondern auch das In-Aussicht-Stellen einer hoffnungsvollen Perspektive für uns Deutsche, auch für mich.

Deshalb beschäftigte mich seitdem damit, wie in der Folgezeit die Überwindung des Faschismus in Deutschland praktisch geübt wurde und wird.

Dazu möchte ich meine Sicht als Jurist darstellen.

I.

Das Potsdamer Abkommen wurde zwar de jure durch das Abkommen „Über die abschließende Regelung in Bezug auf Deutschland" vom 12. September 1990 erledigt, das an die Stelle eines ordnungsgemäßen Friedensvertrages mit dem besiegten Deutschland trat. So wird in Art. 7 des Zwei-plus-Vier-Vertrages bestimmt, daß die vier Mächte, die das Potsdamer Abkommen abgeschlossen bzw. sich diesem angeschlossen hatten, „hiermit ihre Rechte und Verantwortlichkeiten in Bezug auf Berlin und Deutschland als Ganzes ... beenden". Damit erledigten sich „als Ergebnis" dessen „die entsprechenden, damit zusammenhängenden vierseitigen Vereinbarungen" – so auch das Potsdamer Abkommen. Betreffende „Beschlüsse und Praktiken" werden „beendet und alle entsprechenden Einrichtungen der Vier Mächte aufgelöst" (Art. 7 des Vertrages).

Kann ein Jurist angesichts dieser Rechtstatsache überhaupt noch auf das Potsdamer Abkommen zurückgreifen und daraus juristische Folgerungen ableiten?

Meines Erachtens durchaus. Denn wesentliche politische Bestimmungen des Potsdamer Abkommens bleiben, soweit sie nicht von vornherein befristet oder auf die Zeit der Besatzung oder die Nachkriegszeit beschränkt waren, der Sache nach weiterhin bedeutsam.

So bleibt, daß nach dem Potsdamer Abkommen Deutschland nur als ein antifaschistisches und demokratisches Deutschland – nach dem 2+4-Vertrag nur als demokratischer und friedliebender Staat – bestehen und sich nur als ein solches entwikkeln darf.

Auch bekräftigte der 2+4-Vertrag ausdrücklich die Ergebnisse des Jahres 1945 und die danach vollzogenen Veränderungen, einschließlich der unverrückbar gewordenen Grenzen Deutschlands, so vornehmlich der Oder-Neiße-Grenze. (Art. 1 Abs. 1 des 2+4-Vertrages)

Die Endgültigkeit der Grenzen des vereinigten Deutschlands wird in diesem Artikel ausdrücklich bekräftigt. Daß das vereinigte Deutschland keinerlei Gebietsansprüche hat und auch in Zukunft solche nicht erheben wird, ist im Art. 1 Abs. 3 des Vertrages verankert.

Ausdrücklich ist auch in dem Abkommen von 1990 das Verbot eines Angriffskrieges enthalten, insbesondere, daß von deutschem Boden nur Frieden ausgehen wird (Art. 2) und daß das vereinigte Deutschland Waffen nur in Übereinstimmung mit seiner Verfassung (!) – gemeint sein kann nur das Grundgesetz, weil die BRD bis heute keine ordentliche Verfassung hat – und der UN-Charta einsetzen wird (Art. 2 des Vertrages).

Im Art. 3 verzichten die Regierungen der beiden deutschen Staaten auf ABC-Waffen; die Stärke der Streitkräfte des vereinigten Deutschlands ist auf 375.000 Mann begrenzt. Die Stationierung ausländischer Streitkräfte und von Atomwaffen oder deren Trägern auf dem Gebiet der früheren DDR wird ausgeschlossen (Art. 5 Abs.3 des Vertrages).

Gleichwohl darf der fundamentale Unterschied zwischen dem Potsdamer Abkommen und dem 2+4-Vertrag nicht übersehen werden, der auf dem grundlegend veränderten Kräfteverhältnis des Jahres 1990 gegenüber dem des Jahres 1945 beruht.

Nach dem Sieg über Hitlerdeutschland genoss die Sowjetunion allgemein ein außerordentlich hohes Ansehen; die Welt würdigte, daß dieses Land die Hauptlast des Hitlerkrieges zu tragen hatte und ihre Rote Armee die militärische Niederringung der Armeen Hitlerdeutschlands maßgeblich bewirkte. So war die Sowjetunion trotz ihrer großen Verluste – 27 Millionen Tote – damals zu einer England und USA durchaus ebenbürtigen Weltmacht geworden. Angesichts dieses Kräfteverhältnisses konnte Stalin in Potsdam in hohem Maße die Positionen der Sowjetunion im Potsdamer Abkommen zur Geltung bringen.

Völlig anders war das Kräfteverhältnis 1990. Die USA hatten ihre Weltmachtposition aufgrund ihrer ökonomischen und militärischen Stärke weiter ausbauen können und sich, militärisch auch vermittels der NATO, zu *der* Hauptmacht des Westens und dem Gegenpol der Sowjetunion und ihrer Verbündeten herausbilden können.

Die Sowjetunion hatte infolge des Verrats Gorbatschows international Positionen aufgegeben bzw. verloren. Seitdem dieser die Zügel im Sowjetstaat an sich gerissen hatte, wurde sie nach bereits zuvor sichtbar gewordener Stagnation auch ökonomisch schwächer. Die politische Schwäche der Sowjetunion kam unübersehbar darin zum Ausdruck, daß sie akzeptierte, daß die NATO – ohne einen Schuß abgegeben zu haben – bis zur Oder vorrücken konnte und die in der DDR stationierten sowjetischen Truppen wie eine geschlagene Armee abzuziehen hatten.

Die Bundesrepublik hatte sich in den letzten Jahrzehnten auch militärisch zu einem maßgeblichen Verbündeten der USA entwickelt, was die Stationierung von Atomwaffen auf ihrem Gebiet einschloß.

Die Noch-DDR des Jahres 1990 hatte längst aufgehört ein

sozialistischer Staat zu sein. Im September 1990 waren nicht nur bereits die Würfel für ihren Anschluß an die BRD gefallen.

Der sogenannte Einigungsvertrag war bereits am 31. August 1990 von Herrn Schäuble für die BRD sowie von einem Günther Krause unterzeichnet worden, der wahrlich nicht die Interessen der DDR und ihrer Bürger vertrat, sondern nach Helmut Kohls Pfeife tanzte.

Daß der 2+4-Vertrag dann in Moskau unterzeichnet wurde, war nicht mehr als ein Trostpflaster, eine vermeintlich „freundliche Geste“ für den vom Westen besiegten vierten Alliierten.

II.

Im Potsdamer Abkommen wurden Vereinbarungen über verschiedene Gegenstände getroffen, darunter – in Durchführung der Krim-Konferenz nach der Besetzung ganz Deutschlands durch die Alliierten Armeen – über Deutschland (III), über Kriegsverbrecher (VII) und über die ordnungsgemäße Überführung deutscher Bevölkerungsteile (XIII).

Zu den substantiellen Bestimmungen des Potsdamer Abkommens gehört *das absolute Verbot der Nazipartei und ihrer Gliederungen sowie das Verbot einer Wiederauferstehung solcher.*

Unter III A 3 (III) heißt es: „Die nationalsozialistische Partei mit ihren angeschlossenen Gliederungen und Unterorganisation ist zu *vernichten;* alle nationalsozialistischen Ämter sind aufzulösen; es sind Sicherheiten dafür zu schaffen, daß sie in keiner Form wieder auferstehen können; jeder nazistischen und militaristischen Betätigungen und Propaganda ist *vorzubeugen.*“ (Hervorhebung des Autors)

Dazu gehört auch, wie unter Ziff. 6 bestimmt:

„Alle Mitglieder der nazistischen Partei, welche mehr als nominell an ihrer Tätigkeit teilgenommen haben, und alle anderen Personen, die den alliierten Zielen feindlich gegenüberstehen, sind aus den öffentlichen oder halböffentlichen Ämtern und von den verantwortlichen Posten in wichtigen Privatunternehmen zu entfernen. Diese Personen müssen durch Personen ersetzt werden, welche nach ihren politischen und moralischen Eigenschaften fähig erscheinen, an der Entwicklung wahrhaft demokratischer Einrichtungen in Deutschland mitzuwirken."

Weiterhin wird unter Ziff. 7 festgelegt: „Das Erziehungswesen in Deutschland muß so überwacht werden, daß die nazistischen und militaristischen Lehren völlig entfernt werden und eine erfolgreiche Entwicklung der demokratischen Ideen möglich gemacht wird."

Damit war in Potsdam bestimmt worden, was durch den 2+4-Vertrag nicht berührt wird, daß in *Deutschland Faschismus keinen Platz haben darf.*

Folgerichtig enthielten die Verfassungen der DDR strafbewehrte Verbote faschistischer Aktivitäten, auch der Wiederbelebung und des Wiedererstehens des Faschismus, so – Art.5 und 6 der Verfassung von 1949 sowie Art. 6 und 8 der Verfassung von 1968.

Vergleichbare Bestimmungen sind im bundesdeutschen Verfassungsfunktion erfüllenden Grundgesetz nicht zu finden.

Im politischen Alltag der Bundesrepublik spielen die verbindlichen Vorgaben des Potsdamer Abkommens von 1945 für Deutschland keine Rolle. Sie werden einfach verschwiegen.

Die Festlegungen des Potsdamer Abkommens wurden in Westdeutschland zunehmend immer weniger eingehalten. Die gebotene konsequente Abrechnung und Auseinandersetzung mit dem Faschismus unterblieb.

Als undefinierte und unscharfe Reaktion auf die NS-Verbrechen wurden im bundesdeutschen Grundgesetz im Art. 1 der Schutz der Menschenwürde, im Art. 2 die (persönlichen) Freiheitsrechte, im Art. 3 die Gleichheit vor dem Gesetz (unter ausdrücklicher Hervorhebung des Diskriminierungsverbotes im Hinblick auf Geschlecht, Abstammung, Rasse, Sprache, Heimat und Herkunft, Glauben, religiöse oder politische Anschauungen), im Art. 4 die Glaubens- und Bekenntnisfreiheit und im Art. 5 die Meinungs- und Pressefreiheit sowie die Freiheit der Kunst und der Wissenschaft verankert.

So sehr dies zu begrüßen ist, kann nicht übersehen werden, daß diesen Vorschriften die gebotene klare *antifaschistische*

Stoßrichtung fehlt. Durch ihre bewußt formal gehaltene Abfassung erwiesen sie sich des öfteren als Bestimmungen, die alten und neuen faschistischen Kräften verfassungsrechtlich gesicherten Entfaltungsraum gewährten, dem Faschismus also gerade keine Grenzen setzten.

Die entsprechenden Strafbestimmungen der §§ 86, 86 a und 130 des bundesdeutschen StGB sind ähnlich formal abgefaßt.

Die Strafbestimmung des § 86 dieses Strafgesetzbuches mit der Überschrift „Verbreiten von Propagandamitteln verfassungswidriger Organisationen" stellt zunächst die Propaganda von für verfassungswidrig erklärten Parteien unter Strafe, also namentlich die der KPD!

Unter Ziff. 4 des Abs. 1 dieser Vorschrift werden auch Propagandamittel erfaßt, „die nach ihrem Inhalt dazu bestimmt sind, Bestrebungen einer ehemaligen nationalsozialistischen Organisationen fortzusetzen", sofern deren Verbreitung in der BRD erfolgt oder sie zur Verbreitung in dieser hergestellt, eingeführt oder vorrätig gehalten werden.

Abgesehen davon, daß der bundesdeutsche Gesetzgeber geflissentlich den umfassenden Begriff „Faschismus" vermeidet, schränkt er die Reichweite dieser Strafbestimmung durch eine Legaldefinition der Propagandamittel insofern maßgeblich ein, als darunter „nur solche Schriften" fallen, „deren Inhalt gegen die freiheitliche demokratische Grundordnung oder den Gedanken der Völkerverständigung gerichtet ist."

Damit werden augenscheinlich ganz wesentliche Bereiche faschistischer Propaganda ausgenommen, die nicht gegen die Völkerverständigung sind, wie insbesondere deren Rassismus und Antikommunismus beweist.

Außerdem werden bereits dem Wortlaut des Gesetzes nach solche Handlungen der gebotenen strafrechtlichen Verfolgung entzogen, die sich als Aktivitäten „der staatsbürgerlichen Aufklärung, der Abwehr verfassungswidriger Bestrebungen, der Kunst oder der Wissenschaft, der Forschung oder der Lehre, der Berichterstattung über Vorgänge der Zeitgeschichte oder der Geschichte oder ähnlichen Zwecken" dienend *darstellen* lassen!

Im übrigen hat die Rechtsprechung (des BGH) betont, daß von Propaganda nur bei „aktiv kämpferischen, aggressiven Tendenzen“ die Rede sein könne; „soft fascism“, also zahmer Faschismus, ist straffrei; so wurden „vorkonstitutionelle“ Schriften, also faschistische Originalschriften aus der Zeit vor 1945 (auch unveränderte Nachdrucke!) nicht erfaßt; die bloße Verherrlichung des NS-Regimes und seiner Ideologie genüge zur Strafverfolgung nicht.

Ähnlich formal-kasuistisch abgefaßt ist § 86 a des bundesdeutschen Strafgesetzbuches, der die Überschrift trägt „Verwenden von Kennzeichen verfassungswidriger Organisationen“.

Diese Vorschrift bezieht sich ausdrücklich auf den vorgenannten § 86 und stellt lediglich auf betreffende „Kennzeichen“ wie „Fahnen, Abzeichen, Uniformstücke, Parolen und Grußformen“ ab. Immerhin werden das „Hakenkreuz“, auch ein „Führerbild“ sowie das „Horst-Wessel-Lied“ von der Rechtsprechung als solche Kennzeichen angesehen. Ansonsten sei der Symbolgehalt solcher „Kennzeichen“ vielfach umstritten.

Schließlich könnte auch die Strafbestimmung des § 130 des bundesdeutschen Strafgesetzbuches als eine Strafbestimmung gegen Faschismus angesehen werden. Nach dieser macht sich strafbar, „wer in einer Weise, die geeignet ist, den öffentlichen Frieden zu stören, die Menschenwürde anderer dadurch angreift, daß er

1. zum Haß gegen Teile der Bevölkerung aufstachelt (etwa gegen Juden),

2. zu Gewalt- oder Willkürmaßnahmen gegen sie auffordert oder

3. sie beschimpft, böswillig verächtlich macht oder verleumdet.“

Da in dieser Bestimmung der maßgebliche Begriff „Faschismus“ *nicht* vorkommt, entbehrt sie der antifaschistischen Stoßrichtung. Zu besorgen ist, daß sie gemäß bekannten Klischees von „Gewalt- und Willkürmaßnahmen“ sogar gegen die entschiedensten Gegner des Faschismus, gegen Kommunisten, angewandt wird.

Die in den drei vorgenannten Strafgesetzen praktizierte Kasuistik (und die dazugehörige Rechtsprechung) sind geeignet, den alten und neuen Nazis Anleitung dafür zu geben, wie sie ihre faschistische Propaganda abfassen und gestalten müssen, um straffrei zu bleiben.

So erweisen sich derartige Gesetze des bundesdeutschen Strafrechts im Unterschied zu den vorerwähnten Strafbestimmungen des DDR-Strafrechts nicht als Gesetze zu einer entschiedenen Bekämpfung des Faschismus, sondern als solche, die ihm hinreichend Raum zu Entfaltung und Aktivität geben.

Im ganzen Grundgesetz gibt es nur eine einzige spezielle Vorschrift zum „Nationalsozialismus", nämlich den Art. 139 mit der Überschrift „Befreiungsgesetze" bzw. „Fortgelten der Vorschriften über Entnazifizierung", nach der die zur „Befreiung des deutschen Volkes vom Nationalsozialismus und Militarismus" erlassenen Rechtsvorschriften von den Bestimmungen des Grundgesetzes „nicht berührt" werden.

Anderes war ja auch nicht möglich; denn das Grundgesetz von 1949 bedurfte der Genehmigung der drei westlichen Alliierten.

Der in diesem Artikel 139 enthaltene Vorbehalt gilt ausdrücklich nur für das beim Inkrafttreten des Grundgesetzes vorhandene Entnazifizierungsrecht, dessen Grundzüge besatzungsrechtlichen Ursprungs sind. Die von den Alliierten geschaffenen Entnazifizierungsvorschriften konnte der bundesdeutsche Grundgesetzgeber im Jahr 1949 wahrlich nicht außer Acht lassen.

Klarheit besteht indessen unter Juristen der Bundesrepublik, daß der Zweck dieser „Übergangsbestimmung" sich darin erschöpft, die vorbehaltenen Vorschriften „unabhängig von ihrer rechtsstaatlichen Problematik und ihrer Übereinstimmung mit den Grundrechten" in den neu geschaffenen Verfassungszustand zu überführen und den planmäßigen Abschluß der Entnazifizierung ohne Gefährdung ihrer Rechtsgrundlagen zu ermöglichen. Allerdings will das Grundgesetz diese Entnazifizierungsvorschriften nicht „konservieren, d. h. nicht auf Dauer in ihrem Bestand schützen".

Mit dem letzten Entnazifizierungsabschlußgesetz im Jahr 1953 sei dieser Artikel 139 gegenstandslos geworden!

Die Vorschrift des Artikels 139 enthält somit, wie in Kommentaren ausdrücklich betont wird, **keine** fortdauernde **antinationalsozialistische Grundentscheidung** der Verfassung.

Soweit nationalsozialistische Bestrebungen im Parteien-, Vereins- oder Versammlungsrecht eine Rolle spielen, argumentiert die Rechtsprechung daher nicht mit Art. 139 GG! Soweit gegen faschistische Bestrebungen und Aktivitäten überhaupt juristisch vorgegangen wird, geschieht dies ausschließlich mit den formalen Elementen des Parteien-, Vereins- und Versammlungsrechts.

Ansonsten ist dem Grundgesetz, nicht einmal seiner Präambel, nicht anzusehen, daß es nach der Befreiung auch des deutschen Volkes vom Hitlerfaschismus in Kraft gesetzt wurde.

Die Väter des Grundgesetzes gingen von einem Fortbestehen des Deutschen Reiches aus – als hätte es keinen Hitlerfaschismus mit seinen verbrecherischen Aggressionskriegen und seinen beispiellosen Verbrechen gegeben.

Aufgrund dessen kam es nicht zu einer hinreichend scharfen und eindeutigen Abgrenzung vom Hitlerfaschismus. Die Bundesrepublik sieht sich vielmehr als Rechtsnachfolger des unter den Schlägen der Alliierten Armeen untergegangenen Deutschen Reiches, auch des Dritten Reiches, und in dessen Tradition.

Jedenfalls gab es für die Väter des Grundgesetzes mit dem Ende des Hitlerfaschismus weder eine Zäsur, noch eine Abhebung oder gar einen Bruch mit der Vergangenheit

In diesem Sinne regelt das GG (im Art. 123) die Fortgeltung alten Rechts und im Art. 129 fortgeltende Ermächtigungen.

Mehr noch, den Vätern des GG war es wichtig, in ihrem GG nicht nur mit der Abschaffung der Todesstrafe in Art. 102 den Naziverbrechern den Kopf zu retten, sondern mit Art. 131 auch den früheren Angehörigen des öffentlichen Dienstes, die die Naziverbrechen zumindest toleriert, wenn nicht aktiv unterstützt hatten, eine hinreichende Versorgung zu sichern.

So ist der bundesdeutschen Rechtsordnung, wie sie 1949

geschaffen bzw. bestätigt wurde, nicht zu entnehmen, daß ein Fortleben faschistischen Gedankenguts mit ihr unvereinbar sei.

Diese Rechtsordnung entbehrt seither des gebotenen juristischen Arsenals zur wirksamen Bekämpfung faschistischer Aktivitäten und des Wiedererstarkens des Faschismus in Deutschland. Namentlich fehlt im Grundgesetz eine eindeutige und klare Antifaschismusklausel, wie wir sie in den DDR-Verfassungen kennen.

Demgegenüber wurde in Ostdeutschland gründlich mit dem Faschismus abgerechnet und wurde er mit seinen ökonomischen, politischen und ideologischen Wurzeln ausgerottet.

Ergänzend wurde jedes Wiederaufleben des Faschismus nicht nur durch die Verfassung verboten, sondern mit Art. 6 der Verfassung von 1949 auch absolut und eindeutig unter Strafe gestellt.

Im Art. 6 der Verfassung von 1968 wurde festgestellt, daß die DDR „getreu den Interessen des Volkes und den internationalen Verpflichtungen auf ihrem Gebiet den Militarismus und Nazismus ausgerottet“ hat.

Durch § 92 des StGB der DDR, eine Vorschrift im Kapitel über die Verbrechen gegen die Menschlichkeit und über Kriegsverbrechen, wurde uneingeschränkt jede „faschistische Propaganda“ wie auch jegliche „Völker- und Rassenhetze, die geeignet ist, zur Vorbereitung oder Begehung eines Verbrechens gegen die Menschlichkeit aufzuhetzen“, streng bestraft.

Als ein Fall staatsfeindlicher Hetze gemäß § 106StGB/DDR wurde streng bestraft, „wer die verfassungsmäßigen Grundlagen der sozialistischen Staats- und Gesellschaftsordnung der DDR angreift oder gegen sie aufwiegelt, indem er ... den Faschismus oder Militarismus verherrlicht oder Rassenhetze treibt“, wobei auch bei diesen Verbrechen bereits die Vorbereitung unter Strafe gestellt ist.

Schließlich wurde gemäß § 220 Abs. 3 StGB/DDR als „Öffentliche Herabwürdigung“ auch bestraft, „wer in der Öffentlichkeit Äußerungen faschistischen, rassistischen, militaristischen oder revanchistischen Charakters kundtut oder Symbole dieses Charakters verwendet, verbreitet oder anbringt".

Diese Strafbestimmungen waren gewollt umfassend gestaltet – und nicht kasuistisch –, um jegliche relevante faschistische Propaganda oder Hetze erfassen und verfolgen zu können.

Solche Strafbestimmungen trugen dazu bei, daß dem Faschismus in der DDR kein Entfaltungsraum gelassen wurde.

Da demgegenüber die herrschenden Kräfte der Bundesrepublik zu keiner Zeit eine hinreichend scharfe Abgrenzung zu Nazis und Faschisten vorgenommen hatten, stattdessen aber „Linksextremisten" und „Rechtsextremisten" formal gleich behandeln, erlangen die alten und neuen Nazis einen von dieser bundesdeutschen Rechtsordnung gewährten Freiraum. In der polizeilichen Praxis läuft diese Gewährung nicht selten darauf hinaus – gestützt auf den Rechtsanspruch auf Versammlungsfreiheit –, Nazidemonstrationen vor Antifaschisten zu schützen!

Als schon vor Jahren die Wiederbelebung faschistischen Gedankenguts unübersehbar wurde, sah sich der Präsident des Zentralrats der Juden in Deutschland, Paul Spiegel, genötigt zu erklären: „Wehret den Anfängen, heißt es oft, wenn es um den Kampf gegen den Rechtsextremismus geht. Doch wir sind längst über dieses Stadium hinaus. Was wir fast täglich erleben, hat nichts mehr mit ‚Anfängen' zu tun."

Angesichts dieser Situation in Deutschland brachte die Fraktion der PDS Anfang 2001 eine Vorlage in den Bundestag ein, um eine Antifaschismusklausel in das Grundgesetz zu bringen, nämlich einen „Entwurf eines Gesetzes zur Änderung des Grundgesetzes".

Dieser Antrag wurde, wie bekannt, von der Mehrheit des Bundestages abgelehnt und verworfen, womit er auch in jüngerer Zeit erneut bekräftigte, gegen Neonazis und Faschisten nicht konsequent sein zu wollen.

Vor allem wurde in der Debatte dieses Antrags am 16. Februar 2001 von Vertretern anderer Fraktionen vehement die Auffassung vertreten, dann bedürfe es auch einer entsprechenden Bestimmung gegen den „Linksextremismus". Ein solcher Vortrag, gleichermaßen gegen „Linksextremisten" und „Rechtsextremisten" zu sein und vorgehen zu wollen, erweist sich im Ergebnis als überdeutliche Hilfestellung für Neonazis und Faschisten. *(Siehe meinen Beitrag „Antifaschismusklausel ins Grundgesetz?" in den Weißenseer Blättern 1/2001,S. 27 ff.)*

Der Faschismus lebt, blüht und gedeiht in Deutschland, weil er aus der Mitte der Gesellschaft gespeist, unterstützt und toleriert wird.

Die politische Klasse, die herrschenden politischen Klassenkräfte, wollen keinen Antifaschismus und verleumden den Antifaschismus; sie liebäugeln mit dem Faschismus.

Unter dem Deckmantel der Meinungs-, Versammlungs- und Vereinigungsfreiheit, die als hohes Gut der freiheitlich-demokratischen Ordnung der BRD gewürdigt und gefeiert werden, wurde und wird es den alten und den neuen Nazis erlaubt, politisch zu agieren, Nazipropaganda und -hetze zu betreiben. Man meinte, gerade nach den Zeiten der Hitlerdiktatur jedem diese Freiheiten garantieren zu müssen, auch den ausgewiesenen Feinden der Demokratie.

Während gegenüber Kommunisten und anderen Gegnern der Adenauerpolitik die „wehrhafte Demokratie" mit allen staatlichen Gewaltmitteln zur Geltung gebracht wurde, blieb man gegenüber alten und neuen Nazis zurückhaltend.

Wie schon in der Weimarer Republik blieb die bundesdeutsche Justiz – wie Tucholsky wußte – auf dem rechten Auge blind.

Während die Partei der Kommunisten aufgrund eines Antrags der Bundesregierung vom 22.11.1951 nach Art. 21 GG am 17. August 1956 regelrecht – durch das Bundesverfassungsgericht – verboten wurde, können neofaschistische Parteien heutzutage Abgeordnetensitze in deutschen Landtagen einnehmen, ohne mit der Rechtsordnung in Konflikt zu geraten.

In diesem Zusammenhang ist daran zu erinnern, daß zu den ersten politischen Aktivitäten der Bundesregierung, der Regierung Adenauer, auch das Einbringen des offen gegen die Kommunisten gerichteten 1. Strafrechtsänderungsgesetzes, des „Blitzgesetzes", gehörte.

In heuchlerischer Weise stellte diese Regierung beim BVerfG gleichzeitig auch einen Antrag auf Verbot einer politisch unbedeutenden rechten Partei, der „Sozialistischen Reichspartei", SRP, um den Anschein zu erwecken, man wende sich sowohl gegen „Linksextremismus" wie gegen „Rechtsextremismus".

Nach dem bewußt formal gehaltenen, nur Verfahrensregeln enthaltenden Parteiengesetz darf jeder, auch ein Nazi, eine Partei gründen, die unter dem Schutz des Art. 21 des Grundgesetzes steht. Denn die Gründung einer Parte ist frei. So dürfen auch Nazis oder Neonazis, wie es im ersten Satz dieses Artikels heißt, „an der politischen Willensbildung des Volkes" teilnehmen und faschistisches Gedankengut propagieren und in die Köpfe der Bürger bringen.

Ob eine solche dem Faschismus huldigende Partei irgendwann später einmal ob nachweisbarer faschistischer Aktivitäten, weil sie „nach ihren Zielen oder nach dem Verhalten ihrer Anhänger darauf ausgeht, die freiheitliche demokratische Grundordnung zu beeinträchtigen oder zu beseitigen oder den Bestand der Bundesrepublik Deutschland zu gefährden", vom Bundesverfassungsgericht gemäß Art. 21 Abs. 2 GG in einem entsprechenden Verfahren gemäß §§ 43 ff. für verfassungswidrig erklärt werden wird, ist eine andere Frage. Nach den Erfahrungen mit dem Verbotsantrag bezüglich der NPD ist ein Verbot nicht einmal sicher.

Ein besonders markantes Beispiel, wie die Bonner Justiz die Verbreitung faschistischen Gedankenguts erlaubt, stellt ein Urteil des 3. Strafsenats des Bundesgerichtshofes vom 25. Juli 1979 – Az. 3 Str 182/79 (S) dar. Es ging um den Vertrieb des Buches „Mein Kampf" von Hitler, in dem Völkermord, Krieg, Terror und freislerische Gerichtsbarkeit ideologisch vorprogrammiert worden waren. Die Karlsruher Richter befanden: Hitlers Kampfwerk sei schon vor der Ausarbeitung des Grundgesetzes gedruckt worden und deswegen rechtlich als „vorkonstitutionelle Schrift" anzusehen. Folglich könne von ihrer Verbreitung keine Gefahr für die grundgesetzliche Ordnung ausgehen. Im übrigen habe der Gesetzgeber zu solcher nazistischer vorkonstitutioneller Literatur keine eindeutigen Aussagen gemacht!

Auf der gleichen Linie liegt – die geistige Kontinuität dieses 3. Strafsenats des BGH bewahrend – seine jüngste am 28. Juli 2005 verkündete Entscheidung, nach der die Verwendung der faschistischen Parole „Ruhm und Ehre der Waffen-SS!" nicht strafbar sei, so daß die drei Angeklagten, Angehörige der „Karlsruher Kameradschaft", freigesprochen wurden. Bei ihrem Ausspruch bestehe keine Verwechslungsgefahr mit nazistischen Originalparolen der Hitler-Jugend oder der Waffen-SS.

Geht es denn eigentlich um eine Verwechslungsgefahr bestimmter Äußerungen oder Parolen?

Der Präsident des Zentralrates der Juden, Paul Spiegel, nannte das Urteil unglaublich.

Daß die Neonazis und andere Rechtsextremisten durch eine derartige Entscheidung des höchsten Strafgerichts der BRD zu noch stärkerem Agieren ermutigt und ermuntert werden, liegt auf der Hand.

Jüngst erklärte der Bundesinnenminister Schily, die neu formierte „Linke" müsse – wie zuvor die PDS – deshalb weiterhin vom Verfassungsschutz überwacht werden, weil sie in ihrem Bestand das „Marxistische Forum" dulde. Offensichtlich ist dem derzeitigen Bundesinnenminister das GG nicht geläufig, das im Art. 5 nicht nur die Meinungsfreiheit schlechthin, sondern ausdrücklich auch die Freiheit der Wissenschaft garantiert.

Schily hält es mit dem GG ähnlich wie einer seiner Vorgänger im Amt, der bei entsprechenden Nachfragen über polizeiliches Handeln im Bundestag erklärte, seine Beamten könnten doch nicht ständig mit dem GG unterm Arm herumlaufen!

Schily befindet sich in guter Gesellschaft, denn das BVerfG hatte es im KPD-Verbotsprozeß maßgeblich auf den „Marxismus-Leninismus" abgestellt und über ihn Beweis erhoben!

Das Potsdamer Abkommen gebot, den Faschismus zu vernichten und nicht wiederauferstehen zu lassen!

Was daraus in der BRD – nun im größer gewordenen vereinigten Deutschland – wurde, liegt auf der Hand.

Nach Einverleibung der DDR und nach Wegfall des Antipoden DDR ist ein Wiederaufleben faschistischen Gedankenguts sowie eine verstärkte Aktivität und Propaganda zu beobachten.

III.

Zu weiteren substantiellen und nicht zeitbedingten Bestimmungen des Potsdamer Abkommens gehören die Ächtung und das strafbewehrte Verbot von Aggressionskriegen, Verbrechen gegen die Menschlichkeit und Kriegsverbrechen.

Das Potsdamer Abkommen als das maßgebliche Dokument über die Folgerungen aus den Verbrechen des Hitler-Faschismus enthält juristische Definitionen, die in der Folgezeit in den Tatbeständen des Londoner Statuts über den Internationalen Militärgerichtshof (IMT-Statut) vom 8. August 1945, im Nürnberger Urteil vom 1. Oktober 1946 und im Kontrollratsgesetzes Nr. 10 völkerstrafrechtlich als Verbrechen gegen den Frieden, die Menschlichkeit und die Kriegsverbrechen beschrieben wurden.

All diese juristischen Definitionen stellen klar:

Faschismus ist nicht eine „andere Meinung“, sondern ein Verbrechen.

Diese Festlegungen im Nürnberger Hauptkriegsverbrecherprozeß wurden von der ersten Vollversammlung der Vereinten Nationen am 11.12.1945 durch die Resolution 95 (I) ausdrücklich bestätigt. Hierzu gehört auch die Völkermordkonvention von 1948.

Diese Festlegungen sind Marksteine auf dem Weg zu einem universellen Völkerstrafrecht.

Zuvor hatte der Versailler Vertrag vom 7.5.1919 in seinen Strafbestimmungen gegen Kriegsschuldige, in Gestalt der Art. 227-230, insbesondere hinsichtlich der strafrechtlichen Verantwortlichkeit des deutschen Kaisers erste Schritte in diese Richtung gewagt.

In der DDR wurden im Sinne des vorgenannten Londoner IMT-Statuts in den §§ 85-89 StGB Strafbestimmungen geschaffen, die die drei Hauptverbrechen des Völkerstrafrechts – Verbrechen gegen den Frieden, Kriegsverbrechen und Verbrechen gegen die Menschlichkeit – erfassen.

Immerhin kennt das GG in seinem Art. 26 das Verbot des

Angriffskrieges, wenngleich der durch Absatz 1 Satz 2 dieses Artikels erteilte Gesetzgebungsauftrag durch den bundesdeutschen Gesetzgeber in Gestalt des § 80 StGB nur sehr unzureichend erfüllt wurde.

Seit Nürnberg werden Völkerrechtsverbrechen, namentlich die Verbrechen der Aggression gemäß dem Briand-Kellogg-Pakt von 27.08.1928 über die Ächtung des Krieges, nicht mehr nur als Völkerrechtsdelikte von Staaten, insbesondere eines Aggressorstaates verfolgt. Es können nun auch Individuen, die an der Spitze eines solchen Staates standen, persönlich strafrechtlich zur Verantwortung gezogen werden.

So kann sich das Individuum eines Staatsmannes als individueller Urheber derartiger Verbrechen nach Völkerrecht nicht mehr hinter der völkerrechtlichen Verantwortlichkeit des Staates verstecken, die allenfalls zu Reparationsleistungen dieses Staates führt, aber nicht auch zu einer persönlichen strafrechtlichen Verantwortlichkeit und Bestrafung solcher Staatsmänner.

Nürnberg war ein ad-hoc-Gerichtshof – so wie in der Folgezeit aufgrund entsprechender Beschlüsse des Sicherheitsrates der Vereinten Nationen mehrere ad-hoc-Gerichtshöfe eingerichtet wurden, namentlich für Völkermord im Jahre 1994 in Ruanda mit einer Million Toten und in Bezug auf das frühere Jugoslawien durch die Resolution Nr. 827 (1993) des Sicherheitsrates vom 25.05.1993 mit einer spezifischen Zuständigkeit für „schwere Verstöße gegen das humanitäre Völkerrecht, die seit 1991 im Hoheitsgebiet des ehemaligen Jugoslawien begangen wurden". Eine Verfolgung der gegen Jugoslawien durch die USA und andere NATO-Staaten vorgenommenen Aggression und anderer Verbrechen nach Völkerrecht blieben von vornherein ausgeklammert.

Einen ständigen internationalen Strafgerichtshof für Völkerrechtsverbrechen einzurichten, steht seit Nürnberg auf der Tagesordnung.

Noch im Jahre 1946 war durch die Resolution Nr. 177 der Vollversammlung der Vereinten Nationen beschlossen worden, durch die internationale Rechtskommission (International Law Commission, ILC) rechtliche Grundlagen des Völkerstrafrechts und ein Statut eines ständigen Internationalen Strafgerichtshofes zu erarbeiten.

Es hat noch bis zum Jahre 1998, also mehr als 50 Jahre, gedauert, bis in einem zähen diplomatischen und juristischen Ringen in Gestalt des „Rome Statute of the International Criminal Court" (ICC) die Einrichtung eines ständigen Internationalen Strafgerichtshofes (IStGH) vereinbart werden konnte.

Durch einen solchen ständigen Internationalen Strafgerichtshofes können manche Probleme und Gefahren eingeschränkt werden, die bei ad-hoc-Gerichtshöfen dadurch entstehen können, daß ihre Einrichtung und damit ihre Tätigkeit von der jeweiligen aktuellen internationalen Situation und vom aktuellen internationalen Kräfteverhältnis bestimmt werden.

Das galt auch für die beiden vorgenannten, Ruanda und Jugoslawien betreffenden Gerichtshöfe. Denn bei diesen war von vornherein zu besorgen, daß sie – auch wegen ihrer Zusammensetzung und Finanzierung – nicht das gebotene objektive und universelle Herangehen an die Be- und Verurteilung von Verbrechen gegen den Frieden, Kriegsverbrechen und Verbrechen gegen die Menschlichkeit beweisen.

Insofern leiden einige nach Nürnberg und Tokio tätig gewesene Gerichtshöfe gegen Völkerrechtsverbrechen daran, daß die Universalität, das universelle Rechtsprinzip der Gleichheit vor dem Gesetz und vor dem Gericht nicht eingehalten oder sogar pervertiert wird, wie dies beim Jugoslawien-Tribunal deutlich hervortritt. Deswegen ist es als ein Sieg des Rechts, des Völkerrechts und auch des Völkerstrafrechts, zu würdigen, daß schließlich ein internationaler Strafgerichtshof geschaffen werden konnte.

Am 17. Juli 1998 haben 120 Länder in Rom (bei 21 Stimmenenthaltungen und sieben Gegenstimmen) auf einer diplomatischen Bevollmächtigtenkonferenz in Gestalt des „Rome Statute of the International Criminal Court" (ICC) den grundlegenden multilateralen Vertrag für den Gerichtshof verabschiedet. Er trat am 1. Juli 2002 in Kraft. Mitte August 1998 hatten diesen Vertrag bereits 29 Staaten, vornehmlich aus der „Dritten Welt“ unterschrieben; inzwischen haben ihn 89 Staaten ratifiziert, darunter alle Staaten der Europäischen Union, der EU. Es fehlt vor allem die Unterschrift der USA als einem ständigen Mitglied des Sicherheitsrates, aber auch die Israels.

Ohne den Sieg über Hitlerdeutschland und ohne das Potsdamer Abkommen wäre es zu diesem einen Meilenstein in der Entwicklung des Völkerstrafrechts darstellenden Kodex nicht gekommen.

Nach dem Statut ist der ICC zuständig für die internationale Verfolgung von Völkermord, Verbrechen gegen die Menschlichkeit, Kriegsverbrechen sowie für das Verbrechen der Aggression, des Angriffskrieges.

Der Gerichtshof, der seinen Sitz in Den Haag in den Niederlanden hat, wird als unabhängig charakterisiert; insbesondere ist er – im Unterschied zu den beiden vorgenannten ad-hoc-Tribunalen – auch vom Sicherheitsrat der Vereinten Nationen unabhängig; er ist somit kein Organ der UNO.

Inzwischen wurden am 11. März 2003 in Den Haag die 18 Richter dieses Gerichtshofs, des „International Criminal Court“ (ICC) im Beisein des UN-Generalsekretärs Kofi Annan und der niederländischen Königin Beatrix vereidigt.

Die in Rom zustande gebrachten vertraglichen Grundlagen bieten gute Möglichkeiten zur Durchsetzung des Völkerstrafrechts; ob dies auch Wirklichkeit wird, ob mehr als Symbolik bleibt, muß sich erst erweisen. Letztendlich hängt auch dies wiederum davon ab, wie stark die Kräfte des Friedens sind und werden, inwieweit sie den Aggressoren und all denen wirksam entgegentreten, die das vornehmlich auf der UN-Charta basierende Völkerrecht mit Füßen treten, wie jüngst in Afghanistan und im Irak.

Die im Statut verankerte Konzeption der Tätigkeit des Gerichts stellt, wie meist im Völkerrecht, einen Kompromiß dar. Auf maßgeblichen Einfluß der USA hin ist sie so angelegt, daß in erster Linie die Staaten die Verfahren gegen entsprechende Kriegsverbrecher nach dem räumlichen Geltungsbereich ihres Strafrechts durchführen, insbesondere wenn sich die Täter auf ihrem Staatsgebiet befinden oder die Verbrechen – zumindest teilweise – auch auf dem Staatsgebiet der betreffenden Staaten ausgeführt worden waren.

Der Internationale Strafgerichtshof ist deshalb als sogenanntes Komplementärgericht gestaltet; es darf nur tätig werden, wenn der zuständige Staat ein bestimmtes Verbrechen nicht verfolgen will oder nicht verfolgen kann. Der ICC soll das Wirken der nationalen Strafgerichte der Staaten ergänzen, aber nicht ersetzen.

Der Hauptmangel der Vereinbarung über den Internationalen Strafgerichtshof und über seine Befugnis und Tätigkeit besteht darin, daß die USA als die derzeitige Weltmacht sich nach Kräften dem Zustandekommen des Abkommens von Rom entgegenstellten, es auch nicht ratifizierten, sondern sich ausdrücklich distanzierten und nach wie vor distanzieren.

Die USA waren nach dem Zweiten Weltkrieg in Nürnberg und in Tokio bei der Verfolgung der Kriegsverbrecher treibende Kraft. In der Folgezeit haben sie alle diplomatischen Hebel in Bewegung gesetzt, um ihre Militärs und Politiker vor der Anklagebank eines Internationalen Strafgerichtshof zu bewahren.

Hatte Präsident Clinton noch die römischen Statuten wenigstens unterzeichnet, so schloss sein Nachfolger Bush eine Ratifizierung kategorisch aus.

Die USA tun alles in ihren Kräften Stehende, daß niemals US-Bürger vor dieses Gericht gebracht werden können. Um auszuschließen, daß US-Bürger, namentlich US-Militärs, vor dieses Gericht gebracht werden können, sind die USA bestrebt, bilaterale Abkommen mit anderen Ländern abzuschließen, so daß Staatsangehörige der USA von der Gerichtsbarkeit dieses Internationalen Strafgerichtshofes ausgenommen sind; mehr als 20 Staaten haben solche bilateralen Verträge mit den USA abgeschlossenen, die insbesondere die Auslieferung von US-Bürgern an den Gerichtshof in Den Haag untersagen.

Mehr noch: sollte doch einmal ein US-Militär vor den Schranken des Internationalen Strafgerichtshofes gebracht werden, dann hat für diesen Fall der Senat in Washington ein

Gesetz verabschiedet, das es erlaubt, selbst eine „militärische Befreiung“ solcher Person(en) aus dem Gewahrsam des Gerichtshofes in Den Haag in den Niederlanden, einem NATO-Staat, auszuführen.

Die Motive der Haltung der USA zu dem Internationalen Strafgerichtshof liegen auf der Hand.

Als *die* Weltmacht wollen sich die USA in keiner Weise Schranken auferlegen oder Schranken auferlegen lassen, die ihren Weltherrschaftsplänen entgegenstehen.

Die USA setzen auf eine Strategie der Weltherrschaft, die auch auf völkerrechtlich verbotene Präventivkriege und atomare Erstschläge nicht verzichten will.

Die Haltung der Bush-Regierung ist derzeit das größte Hindernis für eine allumfassende Wirksamkeit des Internationalen Strafgerichtshofes.

Die USA wollen für ihre Staatsangehörigen eine Ausnahmesituation, ein Sonderrecht; sie widersetzen sich damit den allgemein anerkannten Rechtsprinzipien der Gleichheit vor Gesetz und vor Gericht, auch der gleichen strafrechtlichen Verantwortlichkeit eines jeden.

Waren in den frühen 50er Jahren die USA darauf aus, daß nicht ihre Soldaten die „Kastanien aus dem Feuer“ holen, weshalb es damals hieß: „Not our boys!“, so gilt heute für die USA, daß ihre Soldaten nicht vor diesen Weltgerichtshof gebracht werden, also wiederum „Not our boys!“

IV.

Nach dem Potsdamer Abkommen ist Faschismus nicht lediglich eine andere Meinung, sondern ein außerordentlich schweres Verbrechen, das strafrechtlicher Verfolgung bedarf, wie nach 1945 auch tatsächlich strafrechtliche Verfolgungen stattfanden.

Die militärische Niederlage Hitlerdeutschlands, die in der bedingungslosen Kapitulation vom 8. Mai 1945 manifestiert wurde, gebot – wie es im Potsdamer Abkommen in Übereinstimmung mit den Forderungen der aus der Emigration, den Konzentrationslagern und Zuchthäusern oder der Illegalität zurück- oder hervorgekommenen deutschen Antifaschisten festgelegt wurde –, auf dem Gebiete des Strafrechts und in der Strafjustiz vordringlich drei außerordentlich umfängliche und komplizierte Aufgaben zu lösen:

– Aufhebung der Nazigesetze und ungerechter, vielfach verbrecherischer Urteile von Nazigerichten;

– Entfernung der Nazis aus der deutschen Justiz und ihre Neugestaltung,

– Strafverfolgung von Nazi- und Kriegsverbrechern.

Den ersten Teil der erstgenannten Aufgabe haben die Alliierten kraft ihrer obersten Gewalt in Deutschland größtenteils selbst geleistet. Deutsche Justizbehörden haben in Einzelfällen ergänzend geklärt, welches überkommene Recht jeweils der Strafrechtsprechung zugrunde zu legen ist. Für die Aufhebung ungerechter, vielfach verbrecherischer Urteile von Nazigerichten schufen die Alliierten die entsprechende Rechtsgrundlage.

Die zweite genannte Aufgabe haben die Besatzungsmächte bereits in den ersten Monaten gemeinsam mit deutschen Demokraten und Antifaschisten – in unterschiedlichem Maße – erfüllt; dabei ist ein unterschiedliches Herangehen an die Entfernung nazistischen Justizpersonals und ihre Ersetzung nicht zu übersehen.

Die dritte Aufgabe wurde durch die Alliierten ebenfalls eingeleitet, in erster Linie durch den Nürnberger Hauptkriegsverbrecherprozeß, aber auch durch weitere Verurteilungen; einige deutsche Behörden nahmen diese Strafverfolgung ebenfalls sofort in Angriff, im übrigen setzten sie sie – in unterschiedlicher Weise – später fort.

Die Alliierten, die gemäß III A 1 des Potsdamer Abkommens die oberste Gewalt in Deutschland übernommen hatten, vereinbarten in diesem Abkommen unter III A 4, daß „alle nazistischen Gesetze, welche die Grundlagen für das Hitlerregime geliefert haben oder eine Diskriminierung aufgrund der Rasse, Religion oder politischen Überzeugung errichteten, abgeschafft werden.“ Es dürfe „keine solche Diskriminierung ... geduldet werden“.

Durch die Kontrollratsgesetze Nr. 1, Nr. 11 und Nr. 55 wurden bestimmte Vorschriften des Strafrechts, des Strafprozeßrechts und der Gerichtsverfassung aus der Nazizeit namentlich aufgehoben. Sie können hier nicht im Einzelnen dargestellt werden. Ich beschränke mich auf die Vermittlung eines illustrativen Einblicks in das durch Nazi-Gesetze geschaffene terroristische Unterdrückungssystem.

Mit dem Gesetz **Nr. 1** (Aufhebung von – faschistischen – Nazigesetzen) vom 20. September 1945 wurden einige „Gesetze politischer Natur oder Ausnahmegesetze, auf welchen das Naziregime beruhte", ausdrücklich aufgehoben, so diejenigen, die unmittelbar nach der „Machtergreifung" zur Sicherung der Macht der Nazis erlassen wurden, wie das Gesetz zur Behebung der Not von Volk und Reich vom 24. März 1933, Gesetz zur Änderung von Vorschriften des Strafrechts und des Strafverfahrens vom 24. April 1934, das die Bestimmungen über Hoch- und Landesverrat verschärfte, Gesetz zum Schutze der nationalen Symbole vom 19. Mai 1933, Gesetz gegen heimtückische Angriffe auf Staat und Partei und zum Schutze der Parteiuniformen vom 20. Dezember 1934, sogenannte Heimtückegesetz, und Gesetz zum Schutze des deutschen Blutes und der deutschen Ehre vom 15. September 1935, das sogenannte Blutschutzgesetz, das schwerste Strafen für Eheschließungen, die für nichtig erklärt worden waren, und für außerehelichen Verkehr zwischen Juden und Staatsangehörigen deutschen oder artverwandten Blutes vorsah.

Am 30. Januar 1946 erließ der Kontrollrat das **Gesetz Nr. 11** (Aufhebung einzelner Bestimmungen des deutschen Strafrechts), mit dem bestimmte aufgelistete Vorschriften des Strafgesetzbuches in der Fassung, die am 8. Mai 1945 vorgefunden wurde, aufgehoben wurden.

Dazu gehörte vor allem die Änderung des § 2, mit dem die Nazis das Prinzip der Strafgesetzlichkeit und das *Analogieverbot* abgeschafft und durch die *Analogie zu Ungunsten* eines Täters ersetzt hatten; nunmehr konnte bestraft werden, „wer eine Tat begeht, die nach dem Grundgedanken eines Strafgesetzes und nach gesundem Volksempfinden Bestrafung verdient".

Demgemäß wurde in der RStPO ein § 268 a eingefügt, der folgenden Wortlaut hatte:

„Ergibt die Hauptverhandlung, daß der Angeklagte eine Tat begangen hat, die nach gesundem Volksempfinden eine Bestrafung verdient, die aber im Gesetz nicht für strafbar erklärt ist, so hat das Gericht zu prüfen, ob auf die Tat der Grundgedanke eines Strafgesetzes zutrifft und auch durch entsprechende Anwendung diese Strafgesetzes der Gerechtigkeit zum Siege verholfen werden kann."

Übrigens wurde diese Vorschrift des Prozeßrechts durch die Alliierten nicht ausdrücklich aufgehoben, aber in Ost und West wurde dieser § 268 a als gegenstandslos und damit als unanwendbar angesehen.

Aufgehoben wurden durch Kontrollratsgesetz Nr. 11 die Strafgesetze, die der Vorbereitung des verbrecherischen Hitlerkrieges dienten, so die Verordnung über das *Sonderstrafrecht* im Krieg und bei besonderem Einsatz (Kriegssonderstrafrechtsverordnung) vom 17. August 1938; sie enthielt Sondertatbestände für Spionage (das Beschaffen von Nachrichten im Kriegsgebiet der Wehrmacht, insbesondere durch Zivilpersonen, wurde mit dem Tode bestraft), Freischärlerei (womit den Partisanen und anderen Widerstandskämpfern gegen eine deutsche Besatzung der Tod angedroht wurde) und Zersetzung der Wehrkraft (durch Auffordern, die Dienstpflicht in der deutschen oder einer verbündeten Wehrmacht zu verweigern, oder „Zersetzen" des Willens des deutschen oder verbündeten Volkes zur wehrhaften Selbstbehauptung, wofür ebenfalls die Todesstrafe drohte).

Ebenso wurde durch KG 11 die besonders bösartige Verordnung über die *Strafrechtspflege gegen Polen und Juden* in den eingegliederten Ostgebieten vom 4. Dezember 1941, die „Polen-VO", aufgehoben.

Diese sah gegenüber Polen und Juden per Gesetz die Verhängung der Todesstrafe auch bei Bagatelldelikten vor. Durch diese Verordnung habe „der Ministerrat für die Reichsverteidigung in nur 18 Bestimmungen für Polen und Juden der eingegliederten Ostgebiete ein Sonderstraf- und Verfahrensrecht geschaffen", rühmten sich die Nazis.

Ausdrücklich wurde erklärt: „Dieses Strafrecht steht im Gegensatz zu dem allgemeinen Strafrecht – das einen Appell an die Treuepflicht des Volksgenossen enthält – unter dem Leitgedanken der unbedingten Gehorsamspflicht der der deutschen Reichsgewalt unterworfenen Polen und Juden."

Bei Deutschen galt eine Treuepflicht, bei Polen und Juden nur Gehorsamspflicht.

„Auch da, wo das Gesetz sonst Todesstrafe nicht vorsieht, wird sie gegen Polen und Juden verhängt, wenn die Tat von besonders niedriger Gesinnung zeugt oder aus anderen Gründen besonders schwer ist; in diesen Fällen ist Todesstrafe auch gegen jugendliche Schwerverbrecher zulässig."

Das Strafverfahren stand ebenfalls unter dem Leitgedanken der unbedingten Gewaltunterworfenheit der Polen und Juden unter die deutsche Gerichtshoheit. Der Staatsanwalt hatte in der Verfolgung von Straftaten freie Hand und erhob Anklage, „wenn dies im öffentlichen Interesse liegt." Todesstrafe nach Belieben!

Die Aburteilung erfolgte vor dem *Sondergericht* oder dem Amtsrichter. Ausdrücklich bestimmt wurde:

„Der Pole und Jude hat gegen Urteile deutscher Gerichte kein Rechtsmittel. Der Staatsanwalt kann gegen Urteile des Amtsrichters binnen zwei Wochen Berufung an das Oberlandesgericht einreichen. Deutsche Richter können von Polen und Juden nicht wegen Befangenheit abgelehnt werden. Verhaftung und vorläufige Festnahme sind bei dringendem Tatverdacht immer zulässig." „Polen und Juden werden in Strafverfahren als Zeugen nicht vereidigt." Privatklage oder Nebenklage kann von Polen und Juden nicht erhoben werden.

Das Strafverfahren wird vom Gericht und Staatsanwalt nach Maßgabe des deutschen Strafverfahrensrechts *nach pflichtgemäßem Ermessen* gestaltet. Wenn es zur schnellen und nachdrücklichen Durchführung des Verfahrens zweckmäßig ist, kann von den Vorschriften des Gerichtsverfassungsgesetzes und des Reichs-Strafverfahrensrechts *abgewichen* werden.

Bemerkenswert ist weiterhin: „Das Strafrecht der Verordnung gilt nicht nur für alle Polen und Juden in den eingegliederten Ostgebieten, sondern auch für solche Polen und Juden, die eine Straftat in einem anderen Gebiet des Deutschen Reiches begangen haben und am 1. September 1939 ihren Wohnsitz oder ständigen Aufenthalt in dem Gebiet des ehemaligen polnischen Staates gehabt haben."

Schließlich wurde in diesem Zusammenhang vermittelt, daß der Reichs-Statthalter in den eingegliederten Ostgebieten jeder Zeit anordnen kann, daß Polen und Juden wegen schwerer Ausschreitungen gegen Deutsche von Standgerichten abgeurteilt werden, die die Todesstrafe verhängen, soweit die Betreffenden nicht an die geheime Staatspolizei überwiesen werden.

Der Tod war ihnen in jedem Fall sicher.

Als drittes ist das **Gesetz Nr. 55** vom 20. Juni 1947 (Aufhebung von Vorschriften auf dem Gebiete des Strafrechts) zu nennen, durch das – zwei Jahre nach Ende des Nazi-Reiches – noch weitere Nazi-Gesetze aufgehoben wurden, die gleichfalls unmittelbar nach der „Machtergreifung" erlassen worden waren, so verschiedene Notstandsverordnungen des Reichspräsidenten gemäß Art. 48 der Weimarer Reichsverfassung, nämlich Abschnitt IV der Verordnung des Reichspräsidenten zum Schutze des deutschen Volkes vom 4. Februar 1933, die Verordnung des Reichsministers des Innern über das Verbot kommunistischer Demonstrationen im Freistaat Sachsen vom 21. Februar 1933, § 5 der Verordnung des Reichspräsidenten zum Schutze von Volk und Staat vom 28. Februar 1933, die Verordnung des Reichspräsidenten gegen Verrat am deutschen Volk und hochverräterische Umtriebe vom 28. Februar 1933, die Verordnung des Reichspräsidenten zur Abwehr heimtückischer Angriffe gegen die Regierung der nationalen Erhebung vom 21. März 1933 – ein Vorläufer des o. g. „Heimtückegesetzes" – und das Gesetz zur Abwehr politischer Gewalttaten vom 4. April 1933.

Unter dem 4. September 1941 hatten die Nazis das Strafgesetzbuch so geändert, daß Todesstrafe für gefährliche Gewohnheitsverbrechen und Sittlichkeitsverbrechen möglich wurde, „wenn der *Schutz der Volksgemeinschaft oder das Bedürfnis nach gerechter Sühne es erfordern*".

Schließlich befreite die Verordnung vom 5. Mai 1944 die

Richter von allen Beschränkungen bezüglich des Strafmaßes: „Bei allen Tätern, die durch eine vorsätzliche strafbare Handlung einen schweren Nachteil oder eine ernste Gefahr für die Kriegführung oder die Sicherheit des Reiches verschuldet haben, kann unter Überschreitung des regelmäßigen Strafrahmens die Strafe bis zur Höchstgrenze der angedrohten Strafart erhöht oder auf zeitliches oder lebenslanges Zuchthaus oder auf Todesstrafe erkannt werden, wenn der regelmäßige Strafrahmen nach gesundem Volksempfinden zur Sühne nicht ausreicht. Das gleiche gilt für alle fahrlässigen strafbaren Handlungen, durch die ein besonders schwerer Nachteil oder eine besonders ernste Gefahr für die Kriegführung oder die Sicherheit des Reiches verschuldet wurde."

Das Nürnberger Juristen-Urteil, das der (US-amerikanische) Militärgerichthof Nr. 3 am 3. und 4. Dezember 1947 verkündete, enthält wichtige Feststellungen über den verbrecherischen Charakter der Nazijustiz, der Nazigesetze und zur gerichtlichen Praxis in Hitler-Deutschland.

Zur *Rechtsstellung Hitlers im Justizsystem* hatte Göring, wie in diesem Urteil wiedergegeben, in einer Rede vor der Akademie für deutsches Recht am 13. November 1934 seine Meinung zum Ausdruck gebracht:

„In dieser Stunde höchster Gefahr" – nach dem Röhm-Putsch – sei allein Hitler „oberster und alleiniger Gerichtsherr der deutschen Nation".

Nach Rothenberger müsse ein Richter „wie der Führer urteilen", während in gleichem Sinne Reichsjustizminister Dr. Thierack am 5. Januar 1943 erklärt hatte, daß „der Führer der oberste Gerichtsherr, der oberste Richter des deutschen Volkes ist." In einem Brief an Freisler erklärte Thierack:

„Im allgemeinen muß sich der Richter des Volksgerichtshofes daran gewöhnen, die Ideen und Absichten der Staatsführung als das Primäre zu sehen, das Menschenschicksal, das davon abhängt, als das Sekundäre..." und am 5. Januar 1943 äußerte er: „Das innere Gesetz des Rechtswahrers sei der Nationalsozialismus. Das geschriebene Gesetz sei nur die Hilfe zur Auslegung der nationalsozialistischen Idee."

Im Ergebnis all dessen stellte das Militärgericht in diesem Juristenprozeß fest: „Der Dolch des Mörders war unter der Robe des Juristen verborgen."

V.

Ich möchte an dieser Stelle als Strafrechtswissenschaftler einiges zur NS-Rechtsideologie erläutern.

Im „Rechtswahrer", einem „Soldatenbriefe zur Berufsförderung", für „Frontsoldaten", der „unter ständiger Beteiligung der Reichs-Rechtsanwaltskammer, der Reichs-Notarkammer, der Rechtsfakultäten der deutschen Universitäten und der Reichs-Studenten-Führung" herausgebracht wurde, ist einleitend der Erlaß des Reichs-Justizministers Thierak vom 24. August 1942 abgedruckt, der mit den Worten endet: „Ich möchte im Urteil des Richters den deutschen Menschen erkennen, der mit seinem Volk lebt."

Rothenberger vermittelt u. a.: „Der Richter leitet im Gegensatz zu anderen Staatsdienern seine Befugnis unmittelbar von der Staatsführung ab." „Der Führer ist nach Überwindung der Gewaltenteilung nicht nur Gesetzgeber und Inhaber der vollziehenden Gewalt, sondern auch oberster Gerichtsherr", und „Denn ein Richter, der in einem unmittelbaren Lebensverhältnis zum Führer steht, muß richten ‚wie der Führer'."

Das Gesetz zur Änderung von Vorschriften des allgemeinen Strafverfahrens, des Wehrmachtstrafverfahrens und des Strafgesetzbuches vom 16. September 1939 trage „wegen seiner verfassungsrechtlichen Bedeutung ... die Unterschrift des Führers." „Aus der Stellung des Führers als oberster Gerichtsherr im Sinne von oberster Richter, die aus dem tiefsten Sinn des Führerstaates folgt, ergibt sich, daß jedes Urteil seiner Bestätigung bedarf. Diese ist an sich als im voraus für jedes Urteil erteilt anzusehen. Nur wenn schwerwiegende Bedenken gegen die Richtigkeit des Urteils bestehen, kommt im Einzelfall die allgemein in Aussicht gestellte Urteilsbestätigung nicht zum Zuge."

Dann wird der außerordentliche Einspruch gegen Urteile und Gerichtsbeschlüsse erhoben, und zwar durch den Oberreichsanwalt beim Reichsgericht in allen Strafsachen der allgemeinen Gerichte und der Sondergerichte bzw. den Oberreichsanwalt beim Volksgerichtshof.

Zur Volksschädlings-Verordnung wird strafrechtstheoretisch besonders hervorgehoben:

„Ein reines Tatstrafrecht in dem Sinne, daß nur das äußere Tatgeschehen Grund und Maßstab der Strafe bestimmen, hat es seit Einführung der Schuldhaftung und Ablehnung des Prinzips der Erfolgshaftung nicht mehr gegeben. Jede Straftat ist seitdem in ihrem Wertgehalt nach der Schuld des Täters bemessen und bestraft worden. Dennoch bedeutet dies noch kein Täterstrafrecht in dem neuzeitlichen Sinne ... Beim Täterstrafrecht geht es um die Kennzeichnung des Täters als Typ des Volksschädlings."

Es geht nach *nazistischem Täterstrafrecht* also darum, ob der Täter ein Volksschädling *ist*, nicht darum, ob er in diesem Gesetz beschriebene *Handlungen beging!!*

Weiterhin heißt es: „Das Täterstrafrecht bietet deshalb einen besseren Beurteilungsmaßstab, weil es nicht nur eine Tat auf die Waage der Justitia legt, sondern alle Taten dieses Menschen, die guten und die schlechten, zusammenträgt und nun von neuem wägt, ob gut oder böse überwiegt." (S.70)

„Echte Reformgedanken" – heißt es weiter – „enthält die Neuerung der Strafvorschriften über Mord und Totschlag mit der Neufassung der §§ 211, 212 SGB."

„Die Unterscheidung des Mörders vom Totschlag soll fortan nach Merkmalen erfolgen, die eine sittliche Bewertung der Täterpersönlichkeit in den Vordergrund stellen." „Motiv, Tatausführung und Zweck der Handlung bestimmen den Unwertcharakter der Tötungshandlung."

In einer gesonderten „Einführung in das Strafrecht" wird die Strafe als Mißbilligung und Verdammung des Verbrechens bezeichnet, die ihrem Wesen nach „Vergeltung" sei und „das in uns allen lebendige Sühnebedürfnis" befriedigt. „Verbrecher sollen abgeschreckt, gebessert oder unschädlich gemacht werden."

„Die Arbeit des Richters" – heißt es dann im Geiste der nazistischen Tätertypenlehre – „ist also das Gegenteil von Schema und Abstraktion, wenn er sie richtig auffaßt. Nicht nur das Typische an der Tat, sondern auch den *Typ des Menschen*, den er vor sich hat, muß er erkennen, um die richtige Strafe zu finden."

Auch der „Schaeffer", ein knappes, aber zuverlässiges, didaktisch vorzüglich aufgearbeitetes, den Jurastudenten geläufiges Studienbuch „Der Staat im nationalsozialistischen Weltbild" von Dr. Helmut Nicolai, Ministerialdirektor im Reichsministerium des Innern, verrät die Nazi-Rechtsideologie. Dort heißt es u. a.: „Die rassengesetzliche Rechtslehre des Nationalsozialismus hat folgende Grundgedanken:

1. das Recht ist mit dem Begriff und dem Vorhandensein einer Gemeinschaft von Menschen (Volksgemeinschaft) unmittelbar gegeben.

Das Recht ist angeboren. Es entspricht den natürlich gegeben sozialen Instinkten der Menschen. Das Recht ist seinem Geiste nach bestimmt durch die Rasse der Menschen.

Zweck des Rechts ist die Erhaltung des Lebens der Volksgemeinschaft."

Daraus folgt: Nur das ist Recht, was dem Leben der Volksgemeinschaft dient. Das Recht darf nicht international sein! Dem Deutschen gebührt deutsches Recht!

Für den Begriff des Volkes ist die Abstammung maßgebend; Volk ist eine durch Blutverwandtschaft zusammengehörige Menschengruppe. Deutscher ist, wer deutscher Abstammung ist, wobei das Blut (die Rasse) entscheidet.

Genau in diesem Sinne und auch in dieser Terminologie finden wir Aussagen der deutschen Strafrechtslehrer im Dritten Reich, die in ihrem Schrifttum die nazistische Ideologie offen vertraten und propagierten.

Friedrich Schaffstein, neben Dahm Vertreter der faschistischen „Kieler Schule", erklärte: Beim „Übergang vom sozialliberalen zum nationalsozialistischen Strafrecht" ist dieses Recht „auf die völkische Sittenordnung zurückzuführen, die das Verbrechen wesentlich als Verstoß gegen die Sittenordnung und erst sekundär als äußeren Schaden erscheinen läßt." Dies sei „bedeutungsvoll, als es den Täter und seine Gesinnung ... in den Vordergrund rückt."

Noch deutlicher formuliert Wilhelm Gallas: „Die Ordnung der Gemeinschaftswerte, die den Sinngehalt des Verbrechens bestimmt, ist als völkische Sittenordnung mit der Einmaligkeit des Volkes als biologisch-geistiger Einheit immanent gegeben. Damit sind Wert und Wirklichkeit im Ursprungs vereinigt."

Sehr engagiert hatte sich Hans Welzel für die Nazis ausgesprochen. Er stellte – schreibt er selbst – den Plan, die Beziehungen des Rechts und der Rechtswissenschaft zu den tragenden Ideen des 19. Jahrhunderts zu bearbeiten, zurück, „bis das ungeheure politische Geschehen der nationalsozialistischen Revolution uns allen die Frage nach unserem geschichtlichen Standort und die Auseinandersetzungen mit dem Vergangenen mit unmittelbarer Kraft aufzwang. Die Gewalt dieses Umsturzes gab dann den Mut, irgendwo in den Ring der Probleme hinein zu springen." „Alles drängt auf eine neue Metaphysik hin, die ihren Mittelpunkt in einer metaphysischen Anthropologie hat ..." Er begrüßte die Idee „einer alle Klassen umfassenden Volksgemeinschaft ..., die erst das gewaltige Programm des Nationalsozialismus wurde." Dann geht es ihm um „die Volksgemeinschaft mit den Notwendigkeiten der konkreten historischen Situation, die auf rechtlichem Wege vor allem in dem geäußerten Führerwillen, d. h. im Gesetz, ihren sichtbaren Niederschlag finden".

Auch Welzel begrüßt ausdrücklich die Einführung der Analogie und des „gesunden Volksempfindens" durch den geänderten § 2 RStGB, obzwar diese Neufassung direkt und ganz offen gegen Art. 116 der Weimarer Reichsverfassung verstieß, also verfassungswidrig war! Die „ideellen Grundgedanken des neuen § 2" wachsen „mit dem Rechtsbewußtsein des Volkes und (es) wird gestaltet durch die Tat des Gesetzgebers. Beide Kräfte gestalten das Recht".

Edmund Metzger spricht im Hinblick auf diesen § 2 RStGB vom „Standpunkt des lebendigen Rechts", das zwei Erscheinungsformen habe, das Gesetz und das „gesunde Volksempfinden".

Wenn Metzger schreibt (S. 303), „Tätertypik lege ... überall dort vor, wo die Gesinnung des Täters bei der Beurteilung der

Tat eine entscheidende Rolle spielt", dann erkennen wir schon an der Terminologie die Rolle der Gesinnung, die im Nazi-Staat ein großes Gewicht hatte.

Die Tätertypik bzw. die Lehre vom Tätertyp kam in der Gesetzgebung der Nazis nicht nur in der täterstrafrechtlichen Neufassung des § 211 (Mord), sondern auch im Vokabular solcher Strafbestimmungen zum Ausdruck, wie der Verordnung gegen „Volksschädlinge" vom 5. September 1939, in der Verordnung gegen „Gewaltverbrecher" vom 5. Dezember 1939 und in der VO zum Schutze gegen „jugendliche Schwerverbrecher" vom 4. Oktober 1939.

Strafe war damit keine *Tat*strafe mehr, sondern *Täter*„strafe".

So haben diese Strafrechtswissenschaftler und viele andere auch mit den von ihnen vertretenen Lehren dazu beigetragen, die Herrschaft der Nazis zu fördern, deren Ideologie zu propagieren und die Jugend mit dem nazistischen Ungeist zu vergiften.

Auch wenn sie nicht direkt zum Kreis der Hauptschuldigen oder der Schuldigen zweiter Stufe im Sinne der Kontrollratsdirektive 38 gehören und sich somit der Verantwortlichkeit nach dieser Vorschrift der Alliierten ausgesetzt haben, darf ihr Beitrag zur Stärkung der nazistischen Ideologien nicht unterschätzt werden.

Diese alten Nazi-Professoren lehrten nach 1945 im Westen Deutschlands wieder, als wäre nichts geschehen, auch wurden sie „ganz normal" durch Festschriften geehrt.

Die oben vorgenommene Auflistung der von den Alliierten aufgehobenen Nazigesetze läßt erkennen, daß eine Reihe von Vorschriften des Dritten Reiches *weiterhin galten,* die als höchst bedenklich anzusehen sind und denen nazistischer Geist innewohnt.

Dazu gehört die Verordnung gegen Gewaltverbrecher (Gewaltverbrecher-VO) vom 5.12.1939 mit **uneingeschränkter Rückwirkung**, die die Todesstrafe obligatorisch vorsah und so nazistische Züge aufweist. Auch das *Reichsjugendgerichtsgesetz* (RJGG) vom 6.11.1943 blieb in Geltung, obwohl es mehrere unzweifelhaft nazistische Bestimmungen enthielt. So konnte gegen einen Jugendlichen, der bei Begehung einer Straftat über 16 Jahre alt ist, Erwachsenstrafrecht angewandt werden, wenn der Täter nach seiner geistigen und sittlichen Entwicklung einer über 18 Jahre alten Person gleichzusetzen ist und wenn die bei der Tat gezeigte, besonders verwerfliche verbrecherische Gesinnung oder der Schutz des Volkes eine solche Bestrafung erforderlich macht; auch diese Verordnung hatte rückwirkende Kraft.

Verweisen muß ich demgegenüber auf eine weitreichende Entscheidung des Obersten Gerichts der DDR vom 23. Dezember 1952, wonach die in der Nazizeit am 24.11.1933 erlassenen Vorschriften des § 20 a RStGB gegen „gefährliche Gewohnheitsverbrecher“ und der §§ 42 a Ziff. 4 und 42 e RStGB über die *Sicherungsverwahrung* in der DDR nicht anwendbar sind.

In der Folgezeit blieb das Strafrecht der DDR frei von einer Bestimmung über die Sicherungsverwahrung; das hatte zur Folge, daß auch nach dem 3. Oktober 1990 bei so genannten Alttaten (noch zur Zeit des Bestehens der DDR auf ihrem Boden begangene Straftaten) nicht auf Sicherungsverwahrung erkannt werden konnte.

VI.

In Erfüllung des Potsdamer Abkommens wurden auch die besonderen Nazigerichte abgeschafft, nämlich der Volksgerichtshof, die Gerichte der Nationalsozialistischen Deutschen Arbeiterpartei (NSDAP) und die Sondergerichte.

Zur Aufhebung ungerechter, vielfach verbrecherischer Urteile heißt es in der Präambel der Proklamation Nr. 3 des Alliierten Kontrollrates vom 20.10.1945, betr. Grundsätze für die Umgestaltung der Rechtspflege: „Mit der Ausschaltung der Gewaltherrschaft Hitlers durch die Alliierten Mächte ist das terroristische System der Nazigerichte abgeschafft worden.“

Obzwar auch die nazistischen Militärgerichte und die „ordentlichen Gerichte“ des Dritten Reiches mit ihrer „Rechtsprechung" an dem terroristischen System der Nazigerichte ihren Anteil hatten, sahen die Alliierten keine Möglichkeit, auch diese Gerichtsbarkeit schlechthin abzuschaffen. Sie mußte, wie in der Präambel und in Artikel 1 des KG Nr. 4 vom 30.10.1945 festgelegt, *umgestaltet* werden.

In der Proklamation Nr. 3 wurde – unter II 5 – weiterhin bestimmt:

„Verurteilungen, die unter dem Hitler-Regime ungerechterweise aus politischen, rassischen oder religiösen Gründen erfolgten, müssen aufgehoben werden."

Die wohl komplizierteste praktische Aufgabe, die sich aus dem Potsdamer Abkommen ergab, war die der Entfernung von Nazis aus der Justiz und die Neu- und Umgestaltung des deutschen Gerichtswesens.

Um eine neue demokratische Strafrechtspflege in Deutschland zu gestalten war es nicht nur unerläßlich, die Nazigesetze aufzuheben und die besonderen Nazi-Gerichte abzuschaffen. Es bedurfte auch einer grundlegenden Veränderung des Gerichtssystems und vor allem des Personals der Richter und Staatsanwälte.

In III A 6 des Potsdamer Abkommens war – wie bereits oben ausgeführt – als Konsequenz der Niederwerfung des verbrecherischen Hitlerregimes die Entfernung aller Mitglieder der nazistischen Partei, welche mehr als nominell an ihrer Tätigkeit teilgenommen haben, und aller anderen Personen, die den alliierten Zielen feindlich gegenüberstehen, aus den öffentlichen und halböffentlichen Ämtern vorgesehen. Sie waren durch Personen zu ersetzen, die nach ihren politischen und moralischen Eigenschaften fähig erscheinen, an der Entwicklung wahrhaft demokratischer Einrichtungen in Deutschland mitzuwirken.

Das Potsdamer Abkommen gab somit eine doppelte Aufgabe vor:

Entfernen von Nazijuristen aus der deutschen Justiz *und* ihre *Ersetzung* durch vom Nazismus unbelastete Personen!

Für die Alliierten war die *Entfernung* dieser Nazis aus dem deutschen Gerichtswesen eine *unerläßliche Bedingung.*

Nachdem mit der **Proklamation Nr. 3** (Grundsätze für die Umgestaltung der Rechtspflege) vom 20. Oktober 1945 das terroristische System der Nazi-Gericht abgeschafft worden war und an seine Stelle eine Rechtspflege treten sollte, „die sich auf die Errungenschaften der Demokratie, Zivilisation und Gerechtigkeit gründet", wozu das **Gesetz Nr. 4** (Umgestaltung des deutschen Gerichtswesens) vom 30. Oktober 1945 erlassen wurde, das im wesentlichen der Gerichtsverfassung von vor 1933 entsprach, kam es nun auf die *personelle* Seite dieser Umgestaltung an.

Nach der aufgrund des Potsdamer Abkommen erlassenen Kontrollratsdirektive Nr. 24 vom 12. Januar 1946 war die Entfernung von Nazis aus allen öffentlichen und halböffentlichen Ämtern, also auch aus der Justiz verbindlich festgelegt.

So war in Ziff. 10 dieser Direktive die *„zwangsweise Entfernung"* bestimmter Kategorien von Personen vorgesehen, nämlich:

„Kriegsverbrecher, d. h. Personen, die auf der Kriegsverbrecherliste der Alliierten Kommission für Kriegsverbrechen oder auf irgendeiner Sonderliste des Gegenspionagedienstes stehen oder eines Kriegsverbrechens verdächtig sind" und NSDAP-Mitglieder verschiedener Ränge sowie Mitglieder in mit der NSDAP verbundenen Organisationen, die im einzelnen aufgezählt werden.

In der Unterziffer 87 ist der zu entfernende Personenkreis von Juristen im einzelnen festgelegt, so alle diejenigen, die zu irgendeinem Zeitpunkt Präsident, Vizepräsident, Direktoren oder Schatzmeister der „Akademie für deutsches Recht" waren, weiter alle Richter am Volksgerichtshof sowie der Oberreichsanwalt und alle anderen Staatsanwälte dort; alle Vorsitzenden und sonstigen ständigen Richter an Sondergerichten und alle Staatsanwälte; alle Richter, Staatsanwälte und Amtsträger an Partei-, SS- und SA-Gerichten; alle vorsitzführenden Richter und alle Staatsanwälte der Standgerichte.

Gemäß Unterziffer 88 werden weitere aus den „ordentlichen Gerichten" als zu entfernende Juristen aufgelistet: Der Präsident des Reichsgerichts, die Richter des Sondersenats und alle Staatsanwälte; Präsident, Vizepräsident und andere leitende Beamte im Reichsjustizprüfungsamt; alle Präsidenten und Vizepräsidenten der Oberlandesgerichte und alle Generalstaatsanwälte; alle Präsidenten und Oberstaatsanwälte der Landgerichte sowie leitende Juristen weiterer Gerichte wie Erbhofgerichte, Dienststrafkammern, Reichsverwaltungsgericht, Reichsfinanzhof, Reichsarbeitsgericht, Reichspatentamt, Reichsversicherungsamt, Reichsversorgungsgericht, Reichsehrengerichtshof u.a. Schließlich gibt es unter Ziff. 11, 12 und 13 noch Richtlinien für Entfernung und Ausschluß „nach Ermessen". Auch dazu gibt es entsprechende Listen.

Wenngleich die Zahl der vorstehend aufgeführten obligatorisch zu entfernenden Juristen nicht gering ist, erschöpft ist der Kreis der nazistisch belasteten Richter und Staatsanwälte damit nicht. Es bedurfte daher weiterer Prüfungen.

So ergaben sich sofort zwei nicht einfach zu lösende Probleme:

Wer war Nazi im Sinne dieser Bestimmungen?

Wo sind die Personen zu gewinnen, die die Stellen der entfernten nazistischen Richter und Staatsanwälte einnehmen sollen und können?

Dabei sollte nicht übersehen werden, daß um die 80% der Richter und Staatsanwälte Mitglieder der Nazipartei gewesen waren. Und es darf auch nicht vergessen werden, daß – wie das Oberste Gericht der DDR in seiner Entscheidung vom 13. Juni 1950 – 3 Zst 25/50 – zutreffend erkannte: „Das Vorhandensein der gleichen Tendenzen in der Justiz der Weimarer Republik wie der im Nazistaat gibt nur eine Erklärung dafür, daß die deutschen Richter in ihrer übergroßen Mehrzahl sich dem Nationalsozialismus als willige Werkzeuge zur Verfügung stellten."

Es war jedenfalls keineswegs so, daß – wie vielfach behauptet wurde – der in der deutschen Justiz herrschende Rechtspositivismus die deutschen Richter (und Staatsanwälte) unfreiwillig im Dritten Reich im Amt beließ und sie im Sinne der Nazis „Recht" sprechen ließ – wodurch sie in bagatellisierender Weise schuldlos zu Opfern des Rechtspositivismus gemacht werden.

Vielmehr war es deren überwiegend rechtsorientierte politische Einstellung, die sie seit 1933 gern Hitler dienen ließ.

Fast alle 1933 im Amt befindlichen und gebliebenen, also übernommenen Richter und Staatsanwälte waren bereit, auch im Dritten Reich ihre Ämter auszuführen. Andere waren aus rassischen Gründen oder mangels politischer Zuverlässigkeit ohnehin entfernt bzw. nicht übernommen worden. Zumindest in der Strafrechtspflege dürften sich alle dort tätig gewesenen Richter und Staatsanwälte dem Hitler-Regime gefügig unterworfen und im Geiste des Nazismus „Recht" gesprochen haben.

Da – unbestritten – die überwiegende Mehrheit des deutschen Volkes im 8. Mai 1945 *nicht eine Befreiung* von der Hitler-Diktatur sah, sondern sich mit dem Untergang des Dritten Reiches *besiegt* fühlte, darf als sicher angesehen werden, daß die Mehrheit der deutschen Richter und Staatsanwälte diese im deutschen Volk dominierende Einstellung geteilt haben.

Für die Mehrzahl der deutschen Richter und Staatsanwälte; die 1945 im Amt waren, stellte sich dieser Tag als ein schmerzliches Ende und eine bittere Niederlage dar.

Angesichts dieser Tatsachen wurde sehr bald deutlich, daß die Erfüllung des Auftrags der Alliierten, Nazirichter und -Staatsanwälte aus der deutschen Justiz zu entfernen – ein Gebot, das den Forderungen und Erwartungen der Antifaschisten entsprach, – davon abhing, welche *Einstellung* und Haltung die nun maßgeblichen deutschen Politiker und Behörden *zum Hitler-Staat und seiner Justiz*, und zu den in diesem Staat tätig gewesenen Richtern und Staatsanwälten einnahmen.

Für diejenigen, für die das Dritte Reich und seine Justiz mehr oder weniger eine Fortsetzung der deutschen Staats- und Rechtsgeschichte war, die sich in den Traditionen dieses Staatswesens, auch des Reichsgerichts, sahen und sehen, war die von den Alliierten in der Proklamation Nr. 3 so bezeichnete „terroristische System der Nazigerichte" nur eine bedauerliche Entgleisung und Entartung, die aber mit der deutschen Justiz als solcher, mit den deutschen Richtern und Staatsanwälten an sich nichts zu tun gehabt hätte.

Im übrigen habe sich – hieß es auch – das Dritte Reich nur gegen seine inneren und äußeren Feinde auf entsprechender Rechtsgrundlage zur Wehr gesetzt.

Damit spitzt sich die Lösung der von den Alliierten in den vorgenannten Gesetzen vorgegebenen Aufgabe auf folgendes zu:

Entweder werden die Fachleute, Richter und Staatsanwälte, in der deutschen Justiz belassen, auch wenn sie durch ihre Einbindung an die Hitler-Justiz mehr oder weniger stark belastet waren, oder es werden von jeglicher faschistischen Belastung freie neue Richter und Staatsanwälte in ihr Amt berufen, auch wenn sie – anfänglich – womöglich noch nicht über die erforderlichen Rechtskenntnisse verfügen.

Oder anders ausgedrückt: Entweder wird eine der Form nach gut funktionierende (althergebrachte) Justiz mit mehr oder weniger starker nazistischer Belastung und mit all den Mängeln und Problemen der früheren deutschen Justiz der Kaiserzeit und der Weimarer Republik übernommen bzw. fortgeführt, **oder** es wird eine wirklich neue Justiz aufgebaut, eine Justiz, die sich aus anderem, von den Traditionen der Vergangenheit unbelastetem Personal rekrutiert. Tertium non datur!

In eben diesem Sinne bestimmte Art. 128 der für eine gesamtdeutsche Republik gedachten und vorbereiteten Verfassung, die dann die der DDR von 1949 wurde: „Richter kann nur sein, wer nach seiner Persönlichkeit und Tätigkeit die Gewähr dafür bietet, daß er sein Amt gemäß den Grundsätzen der Verfassung ausübt."

Auch wenn dort keine bestimmte politische Einstellung oder Richtung von einem Richter erwartet wird, ist aber eindeutig, daß ein Richter, der nicht im Sinne der antifaschistisch-demokratischen Ordnung zu wirken bereit ist, in dieser keinen Platz hat.

Weiterhin bestimmte Art. 129 dieser Verfassung, daß „Angehörige aller Schichten des Volkes die Möglichkeit haben, die Befähigung zur Ausübung des Berufes als Richter ... zu erlangen", wofür die Republik „durch den Ausbau der juristischen Bildungsstätten" – keineswegs nur der juristischen Fakultäten – dafür „Sorge trägt".

Das entsprach auch der Bestimmung in der bereits erwähnten KR-Proklamation Nr. 3.

Dort wird im Zusammenhang mit der Festschreibung der Unabhängigkeit des Richters erklärt: Der Zugang zum Richteramt steht ohne Rücksicht auf Rasse, gesellschaftliche Herkunft oder Religion allen Personen offen, sofern sie die Grundsätze der Demokratie anerkennen. In dieser Festlegung ist erkennbar die Zulassung von Volksrichtern eingeschlossen.

Eine wirkliche neue, vom Faschismus und von alten Traditionen freie Justiz entstand und entwickelte sich nur im Osten Deutschlands, in der Sowjetischen Besatzungszone (SBZ).

Ob der einzelne es so will oder nicht, in der Haltung zur Entnazifizierung, zur Entfernung nazistischer Richter und Staatsanwälte aus der deutschen Justiz zeigt sich seine Haltung und *Einstellung zum Hitler-Faschismus.*

Vereinfacht kann man sagen: in Ostdeutschland wurden nahezu 90 Prozent der vor 1945 im Amt gewesenen Richter und Staatsanwälte entfernt; in Westdeutschland blieben etwa 90 Prozent dieser früheren Richter und Staatsanwälte im Amt, oder sie wurden wieder in ein solches Amt gerufen.

Mit diesem unbestrittenen Ergebnis hat die Entnazifizierungspolitik der westlichen Alliierten und der maßgeblichen westdeutschen Politiker auf dem Gebiet der Justizpolitik eine bemerkenswerte Einstellung zum Hitler-Faschismus verraten.

In den westlichen Besatzungszonen, der späteren Bundesrepublik, wurde nicht nur die auf dem Privateigentum beruhende kapitalistische Wirtschaft mit einem entsprechenden Staatswesen übernommen und restauriert, sondern auch die Justiz im wesentlichen mit dem alten Personal, der bisherigen Struktur, dem geläufigen juristischen Wortschatz, Titeln und den justiziellen Formen, in denen die an überkommene Traditionen gebundene deutsche Justiz fortlebt.

VII.

Zur Verfolgung und Bestrafung von NS- und Kriegsverbrechen wird daran erinnert, daß aufgrund der bereits 1943 vorliegenden Beweise der Verbrechen des Hitler-Regimes, insbesondere von Greueltaten, Massakern und kaltblütigen Massenexekutionen, das Vereinigte Königreich von Großbritannien und Nordirland, die Vereinigten Staaten und die Sowjetunion am 30. Oktober 1943 die „Moskauer Erklärung über die Verantwortlichkeit der Hitler-Anhänger für begangene Greueltaten" abgaben. Die Alliierten hatten nämlich bereits 1942 durch die Gründung der United Nations War Crime Commission (UNWCC) in London mit der Sammlung von Beweisen für diese Verbrechen begonnen.

„Die drei alliierten Mächte werden", heißt es in dieser Moskauer Erklärung, die Schuldigen „ganz gewiß bis an das äußerste Ende der Welt verfolgen und sie ihren Anklägern ausliefern, damit ihnen Gerechtigkeit geschehe."

Dabei wurde klargestellt, daß diese Erklärung nicht die Frage der Hauptverbrecher berührt, deren Verbrechen nicht mit einem bestimmten geografischen Ort verbunden sind und die durch gemeinsames Urteil der Regierungen der Verbündeten bestraft werden.

So war bereits 1943 zwischen den drei Alliierten vereinbart, die Hauptkriegsverbrecher vor ein internationales Gericht zu stellen.

Aufgrund der schlechten Erfahrungen mit dem Umgang deutscher Gerichte mit eigenen Kriegsverbrechern, so dem deutschen Kaiser und der deutschen Generalität nach dem Ersten Weltkrieg, entschlossen sich die Alliierten zur Einrichtung des Internationalen Gerichtshofes.

Im Sinne der Moskauer Erklärung wird im Potsdamer Abkommen vom 2. August 1945, den Forderungen der Antifaschisten in aller Welt entsprechend, unter IIIA 5 bestimmt:

„Kriegsverbrecher und alle diejenigen, die an der Planung oder Verwirklichung nazistischer Maßnahmen, die Greuel oder Kriegsverbrechen nach sich zogen oder als Ergebnis hatten, teilgenommen haben, sind zu verhaften und dem Gericht zu übergeben."

Darüber hinaus gab es in diesem Abkommen einen meist weniger beachteten Unterabschnitt VII Kriegsverbrecher.

In den letzten Wochen vor diesem Abkommen hatte es in London zwischen den Vertretern der Vier Mächte (einschließlich Frankreich) Gespräche und Vereinbarungen „über die Methoden des Verfahrens gegen alle Hauptkriegsverbrecher, deren Verbrechen nach der Moskauer Erklärung vom Oktober 1943 räumlich nicht besonders begrenzt sind", gegeben. Sie bekräftigten ihre Absicht, diese Verbrecher einer schnellen und sicheren Gerichtsbarkeit zuzuführen. Die erste Liste die Angeklagten sollte vor dem 1. September dieses Jahres veröffentlicht werden.

Daraufhin wurde am 8. August 1945, unmittelbar nach Unterzeichnung des Potsdamer Abkommens, in London das „Abkommen zwischen der Regierung des Vereinigten Königreichs von Großbritannien und Nordirland, der Regierung der Vereinigten Staaten von Amerika, der Provisorischen Regierung der französischen Republik und der Regierung der Union der Sozialistischen Sowjetrepubliken über die Verfolgung und Bestrafung der Hauptkriegsverbrecher der europäischen Achse" verabschiedet. Am gleichen Tage wurde auch das Statut des Internationalen Militärgerichtshofs in Nürnberg (IMT) unterzeichnet.

Nach den Nürnberger Prinzipien ist jede Person, die eine Tat begeht, die nach dem Völkerrecht ein Verbrechen darstellt, hierfür verantwortlich und dafür zu bestrafen. Im Einzelnen wurden als „Verbrechen nach Völkerrecht" definiert: Verbrechen gegen den Frieden, Kriegsverbrechen und Verbrechen gegen die Menschlichkeit.

Als eine weitere Konsequenz aus der Verurteilung der Naziverbrechen ist die Konvention über die Verhütung und Bestrafung von Völkermord (Genozidkonvention) vom 9. Dezember 1948 – UNO Resolution Nr. 96 (I) – besonders hervorzuheben; auch dieses Verbrechen des Völkermords ist ein „Verbrechen nach Völkerrecht", und zwar unabhängig davon, ob es im Frieden oder im Kriege begangen wurde.

Gemäß dem Potsdamer Abkommen und in Übereinstimmung mit dem Londoner IMT-Statuts wurden das **Kontrollrats-Gesetz Nr. 10** (KG 10) und die **Kontrollrats-Direktive Nr. 38** (KRD 38) erlassen.

Das Gesetz Nr. 10 des Alliierten Kontrollrats vom 20. Dezember 1945 betraf die „Bestrafung von Personen, die sich Kriegsverbrechen, Verbrechen gegen den Frieden oder gegen die Menschlichkeit schuldig gemacht haben". Es will ausdrücklich „die Bestimmungen der Moskauer Deklaration vom 30. Oktober 1943 und des Londoner Abkommens vom 8. August 1945 sowie des im Anschluß daran erlassenen Grundgesetzes zur Ausführung bringen, und ... in Deutschland eine einheitliche Rechtsgrundlage schaffen, welche die Strafverfolgung von Kriegsverbrechern und anderen Missetätern dieser Art – mit Ausnahme derer, die von dem Internationalen Militärgerichtshof abgeurteilt werden – ermöglichen".

Klargestellt wird auch, daß das KG 10, wie ein ordentliches Strafgesetz, Straftatbestände definiert und auszusprechende Strafen vorsieht.

Zehn Monate später, als der „Kalte Krieg" bereits ausgebrochen war, hielt der Alliierte Kontrollrat es für geboten, unter dem 13. Oktober 1946 die **Direktive Nr. 38** zu erlassen.

Diese verweist auf die betreffenden Bestimmungen des Potsdamer Abkommens, des Kontrollrats-Gesetzes Nr. 10 und die bereits erwähnte, die Entfernung der Nazis aus den Ämtern betreffende Kontrollrats-Direktive Nr. 24 und bezeichnet als ihren Zweck „gemeinsame Richtlinien für

die Bestrafung von Kriegsverbrechern, Nationalsozialisten, Militaristen und Industriellen (!), welche das nationalsozialistische Regime gefördert und gestützt haben;

die vollständige und endgültige Vernichtung des Nationalsozialismus und des Militarismus durch Gefangensetzung oder Tätigkeitsbeschränkung von bedeutenden Teilnehmern oder Anhängern dieser Lehren (!);

die Internierung von Deutschen, welche *ohne bestimmter Verbrechen schuldig zu sein* (!), als für die Ziele der Alliierten gefährlich zu betrachten sind, sowie die Kontrolle und Überwachung von Deutschen, die möglicherweise gefährlich werden können (!), zu schaffen."

Zwecks Durchführung der in Potsdam aufgestellten Grundsätze wurde es für notwendig erachtet, „Kriegsverbrecher und Personen, die möglicherweise gefährlich werden können, in fünf Hauptgruppen einzuteilen und *einer jeden Gruppe angemessene Strafen und Sühnemaßnahmen festzusetzen.*"

Diese Festsetzung von Sühnemaßnahmen soll gemäß dem vorliegenden Übereinkommen einheitlich erfolgen, ohne das freie Ermessen der Zonenbefehlshaber gemäß KG 10 einzuschränken.

Erneut wird betont, daß eine „klare Definition der alliierten Politik hinsichtlich Deutscher, die offensichtlich gefährlich sind oder möglicherweise gefährlich werden können" erforderlich sei.

Während KG 10 mit den – sehr weitgefaßten – drei grundlegenden Straftatbeständen, darin eingeschlossen die verschiedenen Beteiligungsformen, auch in Gestalt schlichter Zugehörigkeit zu für verbrecherisch erklärten Organisationen des Nazi-Regimes, den Rahmen des kriminalisierten Verhaltens umschreibt, will diese Direktive angesichts der in die Zehntausende gehenden Zahl zu verfolgender Nazi- und Kriegsverbrecher durch *Kategorisierung* ein möglichst einheitliches Vorgehen sichern.

Mit dieser Direktive wird zwangsläufig ein Schematismus der Behandlung dieses Personenkreises angeordnet bzw. in Kauf genommen.

Es darf angemerkt werden, daß ein derartiges schematisiertes Vorgehen in der Strafjustiz nicht völlig ungewöhnlich ist; es darf an massenhafte kriminelle Erscheinungen im Zusammenhang mit Demonstrationen, Zusammenrottungen und Erscheinungen des Landfriedensbruchs erinnert werden, wo die Staatsanwälte sich auf die Rädelsführer konzentrierten, bei vielen untergeordnet Beteiligten jedoch sich mit „formularhaften," im Text standardisierten Strafbefehlen begnügten.

Die Festlegungen der vier Alliierten in der Direktive 38 sind deshalb besonders hervorzuheben, weil sie keineswegs nur auf eine Bestrafung gemäß individueller Schuld im einzelnen abstellen, sondern auch eine *gruppenmäßige Verantwortlichkeit* vorsehen; bekanntlich hatte das Nürnberger Urteil bestimmte Organisationen für verbrecherisch erklärt, weshalb *allein die Zugehörigkeit* zu diesen einen Straftatbestand darstellt.

Aus diesem Grunde wurde zwischen mit *allgemeiner Schuld* Belasteten und solchen Personen unterschieden, denen *auch* eine *persönliche Schuld* wegen konkreter Taten nachgewiesen werden konnte.

So erklärt sich auch, daß im Zusammenhang mit der Direktive 38 von „Kollektivschuld" die Rede war.

Das wird bei der Beurteilung der Strafverfahren nach dieser Direktive vielfach übersehen.

Zum anderen sieht diese Direktive vor, gefährliche Deutsche oder möglicherweise gefährliche Deutsche zu internieren.

Die vorgenannten fünf Hauptgruppen von Kriegsverbrechern und möglicherweise gefährlichen Deutschen sind nach Abschnitt II Art. I folgende:

1. Hauptschuldige;
2. Belastete (Aktivisten, Militaristen, Nutznießer);
3. Minderbelastete (Bewährungsgruppe);
4. Mitläufer;
5. Entlastete (Personen der vorstehenden Gruppen, welche vor einer Spruchkammer nachweisen können, daß sie nicht schuldig sind).

In der ersten Zeit nach Kriegsende waren auch in den westlichen Besatzungszonen noch Urteile gegen Nazi- und Kriegsverbrechen sowohl durch die Gerichte der Alliierten als auch durch deutsche Gerichte gefällt worden.

Auf der Grundlage des Kontrollratsgesetzes Nr. 10 und der Verordnung Nr. 7 der amerikanischen Militärregierung führten amerikanischen Militärgerichte, die in Nürnberg tagten, eine Reihe von so genannten Nachfolgeprozessen gegen Direktoren des IG-Farben-Konzerns, gegen faschistische Ärzte, faschistische Juristen (siehe den bereits erwähnten

Nürnberger Juristen-Prozeß) und gegen Einsatzkommandos der SS durch.

In der amerikanischen Besatzungszone wurden zwar bis zum 1. Januar 1947 33000 Nazi-Aktivisten und SS-Verbrecher inhaftiert, aber nur 556 von ihnen zur Verantwortung gezogen und gerichtlich verurteilt; die anderen wurden nach und nach entlassen und die Verurteilten dann begnadigt.

Die Strafverfolgung von Nazi- und Kriegsverbrechern ging dann in Westdeutschland von Jahr zu Jahr zurück. Sie lief zunehmend auf eine Verhinderung der völkerrechtlich gebotenen Verfolgung und Bestrafung dieser Verbrechen und auf deren Rehabilitierung hinaus.

Als die Remilitarisierung der Bundesrepublik bereits offen betrieben wurde, hatten fast alle Kriegs- und Naziverbrecher wieder leitende Posten in Staat und Wirtschaft oder erhielten ihre Pensionen.

Im Gnadenwege revidierte der amerikanische Oberkommissar McCloy am 31. Januar 1951 von amerikanischen Militärgerichten verhängte Urteile zu Gunsten von NS-Verbrechern.

Indessen darf der bedeutende Anteil des Obersten Gerichtshof der britischen Zone (OGH) bei der Verfolgung und Bestrafung von Nazi- und Kriegsverbrechern nicht vergessen werden.

Viele westdeutsche Gerichte mußten erst durch Entscheidungen dieses Obersten Gerichtshofs zur Anwendung des Kontrollratsgesetzes Nr. 10 in der Zeit von 1948 bis 1950 angehalten werden.

Dieser OGH bejahte exponiert die Anwendbarkeit des Kontrollratsgesetzes Nr. 10 auch durch deutsche Gerichte und bezog sich in Bezug auf die Verbrechen der Nazijuristen ausdrücklich auf das Nürnberger Juristenurteil.

Im Fall Petersen/Holzwig, den Rottleuthner referiert, hatte das Landgericht Hamburg auf Freispruch erkannt. Der OGH hob den Freispruch mit seinem Urteil vom 7. Dezember 1948 (mit den vorgenannten Argumenten) auf und verwies die Sache zur erneuten Verhandlung und Entscheidung zurück.

Mit der Bildung der Bundesrepublik wurde der OGH durch den BGH abgelöst, und zugleich nahmen die britischen und französischen Militärregierungen im Jahre 1951 die Ermächtigung an die deutschen Gerichte zurück, Kontrollratsgesetz Nr. 10 anzuwenden.

Hatte bisher der OGH in Übereinstimmung mit dem Potsdamer Abkommen und den Grundsätzen der Nürnberger Prozesse entschiedenen, so kehrte der Bundesgerichtshof diese Linie um und gab den „Weg frei für die künftige Linie der bundesdeutschen Rechtsprechung".

Im Fall Petersen/Holzwig meinte der BGH in seiner Entscheidung vom 29. Mai 1952, daß für die Strafbarkeit wegen Rechtsbeugung der Nachweis eines dolus eventualis erforderlich sei, woraufhin das Landgericht Hamburg die Angeklagten am 27. Februar 1953 wieder freisprach.

Mit Urteil vom 7. Dezember 1956 kam der BGH dem Verlangen nach einem wasserdichten Richterprivileg nach; seitdem mußte dolus directus vorgelegen haben, wonach bei keinem Nazi-Richter Rechtsbeugung angenommen werden konnte.

Der BGH rettete so die Nazijuristen vor ihrer gerechten Strafe. Demgemäß wurde kein einziger Nazirichter von bundesdeutschen Strafverfolgungsbehörden wegen seiner Verbrechen strafrechtlich zur Verantwortung gezogen.

Bei den westlichen Alliierten und erst recht bei den westdeutschen Richtern, Staatsanwälten und Rechtswissenschaftlern, die bereits Hitler gedient hatten, zeigten sich zunehmend Widerstände und Vorbehalte gegen eine konsequente Bestrafung der Nazi- und Kriegsverbrechen. Berge von Schrifttum waren darauf gerichtet, diese Verbrechen ihrer persönlichen Verantwortung zu entziehen.

In vielen Prozessen wurden ungewöhnlich milde Strafen ausgesprochen, von Inhaftierung wurde mit den verschiedensten Begründungen vielfach abgesehen.

Im Zusammenwirken von alten Rechtswissenschaftlern und übernommenen Richtern, auch am Bundesgerichtshof, wurde bewirkt, daß die Verfolgung von NS- und Kriegsverbrechen nur sehr eingeschränkt erfolgte.

Dazu gehörte auch eine raffinierte juristische „Argumentation“, besonders unter Nutzung der so genannten subjektiven Teilnahmelehre, wonach ein Nazi-Mörder nicht Täter, sondern nur Gehilfe gewesen sei, weil er nur „für den Führer“ getötet habe; sofern man dann nicht auf Verjährung kam, wurde die Strafe nach den Bestimmungen der Beihilfe entsprechend gemildert.

Da die bundesdeutsche Justiz – im Unterschied zum OGH – die Bestimmungen des Völkerstrafrechts, so namentlich die Tatbestände des Kontrollratsgesetzes Nr. 10 grundsätzlich nicht anwandte, war man genötigt, die strafrechtliche Verfolgung auf Straftaten nach dem allgemeinen Strafrecht zu beschränken. Das brachte zwangsläufig besondere Beweisprobleme mit sich; denn es mußte nun, wie bei gewöhnlicher Kriminalität, nachgewiesen werden, daß der betreffende Angeklagte tatsächlich zu einem bestimmten Zeitpunkt an einem bestimmten Ort eine (namentlich) bestimmte andere Person in bestimmter Weise geschlagen oder getötet hatte. Es mußten also – noch nach Jahrzehnten – Zeugen zur Verfügung stehen, die eben diese Einzelheiten der betreffenden Handlungen des jeweiligen Angeklagte bekunden konnten.

Über die unzureichende juristische Aufarbeitung der Verbrechen des Hitler-Staates gibt es zahlreiche Literatur. Auch wurde in den letzten Jahren so häufig offiziell eingestanden, daß die Bewältigung der NS-Vergangenheit in der Bundesrepublik Deutschland „gründlich mißlungen“ ist, daß diese historische Tatsache geradezu als (weiteren Beweises nicht mehr bedürftig) allgemeinkundig angesehen werden kann.

In seinem Urteil vom 16.11.1995 stellt der 5. Strafsenat des höchsten deutschen Strafgerichts fest: Es „haben sich bei der strafrechtlichen Verfolgung des NS-Unrechts“ – das der Senat einige Zeilen zuvor mit *Spendel* zutreffend als eine „Perversion der Rechtsordnung, wie sie schlimmer kaum vorstellbar war“, bezeichnete – „erhebliche Schwierigkeiten ergeben ... Die vom Volksgericht gefällten Todesurteile sind ungesühnt geblieben, keiner der am Volksgerichtshof tätigen Berufsrichter und Staatsanwälte wurde wegen Rechtsbeugung verurteilt;

ebenso wenig Richter der Sondergerichte und der Kriegsgerichte."

Daran schließt sich eine höchst ungewöhnliche Selbstkritik des Bundesgerichtshofes (übrigens eine an nicht mehr amtierende Bundesrichter gerichtete Kritik !!) an: „Einen wesentlichen Anteil an dieser Entwicklung hatte nicht zuletzt die Rechtsprechung des Bundesgerichtshofes."

Infolgedessen fanden auch schwer belastete NS-Richter und -Staatsanwälte in der westdeutschen Justiz wieder Beschäftigung, so daß nachvollziehbar – „an der weiteren Strafverfolgung von NS-Verbrechen kein Interesse mehr (bestand)".

Was sich dort vollzog, war eine „Selbstamnestierung der Justiz für ihre eigenen Taten".

Statt der gebotenen Strafverfolgung dominierten Mitte der 50er Jahre alle möglichen Formen der Amnestierung der NS-Verbrechen, einschließlich der Gewährung von Beamtenbezügen bzw. -Pensionen, auch für Witwen, so für die Witwe des NS-Richters Freisler.

Aufgrund politischer Vorgaben beendeten Staatsanwaltschaften und Gerichte faktisch die Verfolgung von NS-Verbrechen. Noch 1960 ließ der Bundestag Totschlagsdelikte aus der NS-Zeit verjähren.

Es kam schließlich soweit, wie Peschel-Gutzeit berichtet, daß „wer sich vor 1985 als Richter oder Staatsanwalt kritisch mit der NS-Justiz befaßte, durchaus mit dem Ende seiner beruflichen Aufstiegschancen zu rechnen" hatte!

Das Unterlassen der gebotenen Strafverfolgung fand hinter einem Rauchvorhang raffinierter juristischer Schein-Argumente statt. Auch mit dem juristischen Institut der Verjährung wurden Nazi- und Kriegsverbrecher begünstigt. Die von der Sache her und international geforderte Nichtverjährung zögerte man hin und beschränkte sie schließlich auf die Nichtverjährung des Völkermords, so daß die anderen vorgenannten Verbrechen nach Völkerrecht der Verjährung unterfielen.

In einem Aufsatz in der „Neuen Justiz", Heft 12 aus dem Jahre 1979, S. 546, erinnert sich Prof. Dr. Friedrich Karl Kaul, Rechtsanwalt und Notar in Berlin, an ein Gespräch mit dem damals amtierenden Generalbundesanwalt Güde im Frühjahr 1957. Der 1. Strafsenat des Bundesgerichtshofs hatte am 7. Dezember 1956 – 1 StR 56/56 – SS-Angehörige, die in den letzten Tagen des Krieges als Standgericht kriegsmüde Bürger zum Tode verurteilt und erhängt hatten, freigesprochen. Als sich Kaul ob solcher „Rechtsprechung" zur Rechtsbeugung empörte, antwortete ihm Güde: „Haben Sie schon je erlebt, daß eine Krähe einer anderen ein Auge aushackt?"

Der systematischen Nichtverfolgung von NS-Verbrechen und ihrer umfassenden Amnestierung steht gegenüber, daß verbrecherische NS-Urteile noch nach über 50 Jahren (zumindest formell) in Kraft sind.

In der Bundesrepublik trat an die Stelle der gebotenen Strafverfolgung von Nazi- und Kriegsverbrechen die Verfolgung von Kommunisten und derjenigen, die für Kommunisten gehalten wurden oder mit diesen gemeinsam gegen die Wiederaufrüstung Westdeutschlands und die Spaltung Deutschlands auftraten. Über 100 000 Ermittlungsverfahren wurden eingeleitet.

Zum Zwecke dieser Strafverfolgung beschloß der Bundestag am 30.8.1951 das sogenannte Blitzgesetz. Dieses war maßgeblich von dem „Fachmann" für Kommunistenverfolgung im nazistischen Justizministerium, Herrn Schafheutle, ausgearbeitet worden. Es war ein ausdrücklich und erklärtermaßen gegen Kommunisten und ihnen nahestehende gerichtetes Gesinnungsstrafgesetz mit weiten Straftatbeständen.

Zu dessen extensiver Anwendung hatte der politische Strafsenat des BGH nicht nur mit dem berüchtigten 5-Broschürenurteil von 8.4.1952 eine ausgesprochen bösartige Rechtsprechung entwickelt und dadurch die mit ausgewählten Richtern besetzten politischen Sonder-Strafkammern instruiert.

Demgegenüber wurde in der sowjetischen Besatzungszone und dann in der DDR eine konsequente Verfolgung und Bestrafung der Nazi- und Kriegsverbrecher gesichert.

Die sowjetischen Strafverfolgungsorgane begannen sofort nach der Befreiung mit der systematischen Aufklärung und Verfolgung von Nazi- und Kriegsverbrechen auf der Grundlage der Gesetze der Alliierten.

Bis zum 1. Januar 1947 wurden 48085 Angehörige der durch das Nürnberger Urteil für verbrecherisch erklärten faschistischen Organisationen (SS, Gestapo und SD, Korps der politischen Leiter der NSDAP) verhaftet und 17866 dieser faschistischen Verbrecher zur Verantwortung gezogen.

In Ostdeutschland und dann in der DDR wurden die Nazi- und Kriegsverbrechen, besonders auf der Grundlage des Befehls 201 der Sowjetischen Militäradministration (SMAD) vom 16. August 1947, umfassend und konsequent verfolgt und bestraft.

So ergaben sich sehr bald bei der Verfolgung dieser Verbrechen sowohl durch die Besatzungsmächte als dann vor allem durch deutsche Strafverfolgungsbehörden wachsende Unterschiede.

Bedeutsam ist weiter, daß in der DDR die Verfolgung der Nazi- und Kriegsverbrechen – nach anfänglichen Unsicherheiten – nicht nach dem allgemeinen Strafrecht, sondern nach den Tatbeständen des Londoner Statuts, des Nürnberger Urteils und des KG Nr. 10, also nach den Tatbeständen des Völkerstrafrechts, erfolgte. Das gilt insbesondere für die in den 60er Jahren ergangenen Urteile.

In strafrechtstheoretischer Hinsicht muß betont werden – worauf Hubert Rottleuthner, Freie Universität Berlin, in seinem Aufsatz „Das Nürnberger Juristen-Urteil und seine Rezeption in Deutschland – Ost und West", Neue Justiz, Heft 12, 1997, S. 617 hinweist –, daß der Hitler-Faschismus von der DDR-Rechtswissenschaft als eine „Inkarnation des Unrechts" erkannt wurde – so Lekschas/Renneberg in ihrem „Rechtsgutachten über die Verantwortlichkeit der Richter und Staatsanwälte der Sonderjustiz des Nazismus sowie über die Rechtswidrigkeit ihrer Rehabilitierung und Wiedereinsetzung in der Bundesrepublik" (veröffentlicht in „Staat und Recht", 1961, S. 1642 folgende).

Auch Peter A. Steiniger qualifizierte die Nazigesetze als juristisch verkleidete „Raub- und Morddirektiven". Alle normativen und exekutiven Akte der Hitler-Leute waren unmittelbar strafbare Handlungen.

Eine „derart fundamentale Verurteilung des Hitlerregimes" einschließlich seines Rechts- und Justizwesens ist im Westen selten zu finden, weiß Rottleuthner, allenfalls bei Gustav Radbruch, als er im März 1947 schrieb, „dass der ganze Rechtsboden, auf dem der Nationalsozialismus zu stehen vorgab, kein Rechtsboden war". Die Anwendung der Begriffe übergesetzliches Recht oder Naturrecht finden „ihre Grenze in den völlig singulären Verhältnissen der 12 Nazijahre, in Ereignissen, die wir in ihrer Einzigartigkeit auch jetzt noch kaum zu fassen vermögen". (Siehe seinen bekannten Aufsatz in der Süddeutschen Juristenzeitung (SJZ), 1947, S. 131 f).

Daher bestanden die Verbrechen der Nazijuristen nicht lediglich in einer „Beugung" der nationalsozialistischen Morddirektiven, sondern in ihrer Anwendung. Nach Auffassung der DDR-Juristen widerspricht die Abdrängung der strafrechtlichen Verantwortlichkeit auf die Ebene der Rechtsbeugung dem Nürnberger Juristenurteil und muß als besonders raffiniert getarnter und dem Recht widersprechender Versuch der Legalisierung vergangener und geplanter neuer faschistischer Justizwillkür zurückgewiesen werden.

Deshalb geht es bei der Beurteilung der Tätigkeit der Blutrichter nicht darum, daß sie Recht gebeugt hätten, da ein solches gar nicht bestand, sondern daß sie grausamstes Unrecht angewandt und Hitlers Anweisungen zur Begehung schwerster Straftaten gewissenlos verwirklicht hatten. Daher bleibt die Einstellungspraxis der westdeutschen Justiz, die alles auf Rechtsbeugung abstellt, auf dem Boden des Nazi-‚rechts'.

Denn nach dem Nürnberger Juristenurteil besteht der eigentliche Unwertgehalt der nazistischen Strafurteile nicht darin, daß die Richter fahrlässig das Recht gebeugt, sondern vorsätzlich das Gesetz zu einer objektiv unmenschlichen Behandlung der Opfer benutzt haben. Daher müssen die Nazirichter wegen ihrer vorsätzlichen Unmenschlichkeitstat unter vorwerfbarer Rechtsverkennung bestraft werden. Wenn Richter ihr Amt zur Begehung von Unmenschlichkeiten mißbrauchten, so war das eine der gefährlichsten und unerträglichsten Form dieser Verbrechen, weil sie Richter waren und unabhängig hätten urteilen sollen.

Aber unter ihrer Robe war – wie es im Nürnberger Juristenurteil heißt – der Dolch des Mörders verborgen.

Der Sachkundige Dr. Günther Wieland, seinerzeit Staatsanwalt bei der Generalstaatsanwaltschaft der DDR, gelangt zu dem Ergebnis: Die Justiz der DDR kann – unbeschadet berechtigter Vorwürfe, denen sie sich zu stellen hat – darauf verweisen, einen sowohl national als auch international durchaus beachtlichen Beitrag zur Aufdeckung, Aufklärung und Ahndung von NS-Verbrechen geleistet zu haben.

Gleichheit vor dem Gesetz und vor dem Gericht – Illusionen oder Phantom?

In Verfassungen wie auch im bundesdeutschen Grundgesetz (Art. 3) sowie in Menschenrechtskonventionen steht geschrieben: „Alle Menschen sind vor dem Gesetz gleich." Ebenso sollen sie auch alle vor Gericht gleich sein.

Was bedeutet das wirklich?

Selbstverständlich legen juristische Normen nicht fest, daß die Menschen tatsächlich gleich sein sollen. Die tatsächliche Ungleichheit und Unterschiedlichkeit der Menschen, ihre individuelle Eigenheit und Eigentümlichkeit ist ein großer Reichtum des Menschengeschlechts, der Menschheit, ein außerordentlich erfreuliches Resultat der Jahrtausend langen Entwicklung der Menschheit.

Selbstverständlich geht es bei dem einleitend genannten Verfassungsgebot also nicht um die tatsächliche, wirkliche Gleichheit der Menschen. Es geht um die Einräumung gleicher (juristischer) Rechte – und umgekehrt der Auferlegung gleicher (juristischer) Pflichten. Auf den Zusammenhang von Rechten und Pflichten, ihre notwendige Korrespondenz, die in der Urgemeinschaft, in der Gentilordnung noch nicht separiert waren, hat bekanntlich Friedrich Engels zutreffend hingewiesen.

Dem gemäß sprach Art. 20 der Verfassung der DDR von 1968 von „gleichen Rechten und Pflichten".

Aber es geht schon juristisch gar nicht darum, daß jedermann gleiche Rechte zustehen und gleiche Pflichten auferlegt werden. Aus gutem Grund sind die Rechte und Pflichten der verschiedenen Rechtsgenossen durchaus unterschiedlich, je nach der konkreten Rechtsstellung der betreffenden Rechtssubjekte, z. B. als Eltern, als Lehrer, als Schüler, als Eigentümer, als Beamte, als „Arbeitgeber" und „Arbeitnehmer" usw.

Das Verfassungsgebot des Art. 3 GG – und auch das Menschenrecht der Gleichheit vor dem Gesetz, wie es bereits in der Menschenrechtsdeklaration vom 10. Dezember 1948 festgeschrieben ist, – meint juristisch nur, daß allen Menschen gleiche Rechte *unabhängig vom Geschlecht, der Abstammung, der Rasse, der Sprache, der Heimat und der Herkunft, des Glaubens sowie der religiösen oder politischen Anschauungen* gewährt und gewährleistet werden.

Womöglich sonst sachlich begründete Unterschiede hinsichtlich der Rechte und Pflichten sollen also nicht aus den vorgenannten persönlichen Voraussetzungen eines Individuums resultieren. Niemand soll, wie es in Art. 3 GG zu lesen steht, aus den vorgenannten Gründen benachteiligt oder bevorzugt werden. Insoweit enthält das hier in Rede stehende Verfassungsgebot und Menschenrecht zugleich das *Verbot der Diskriminierung.* Die verfassungsrechtliche Verankerung dieser Gleichheit vor dem Gesetz (und vor dem Gericht), dieser gleichen Rechte (und Pflichten), dieser gleichen Freiheit aller Menschen, unabhängig vom Geschlecht und Herkunft, von Rasse, Sprache, ethnischer Bindung und Zugehörigkeit, politischer Anschauungen usw. ist zweifellos eine große, wenn man so will eine zivilisatorische Errungenschaft, so besonders gegenüber den Zeiten der Sklaverei, des Leibeigentums, des Mittelalters, in dem z. B. u.a. Kleiderordnungen vorschrieben, welche Stände welche Kleidung tragen dürfen.

Es ist auch in hiesigen Landen noch gar nicht solange her, daß Frauen de jure noch nicht die gleichen Rechte hatten wie Männer, und zwar sowohl politische Rechte (z. B. Wahlrecht), Rechte der Berufsausbildung (z. B. studieren zu dürfen) und bestimmte Berufe ausüben zu dürfen, sowie im Zivil- und besonders im Familienrecht. Noch bis vor kurzem war in der Bundesrepublik die uneheliche Geburt nicht nur ein (moralischer) Makel, sondern juristisch mit gegenüber ehelich Geborenen verkürzten, geminderten Rechten verbunden.

Noch nicht ein Menschenalter ist es her, daß im Hitler-Deutschland bestimmte Menschengruppen die jure, d. h. in bestimmten Gesetzen, also nicht erst durch praktisches Handeln der Nazis und verhetzter „Volksgenossen", für minderberechtigt oder für rechtlos erklärt worden waren, so die Juden durch die Nürnberger Gesetze, Juden und Polen durch besondere Strafbestimmungen, sowie politische Gegner, vor allem Kommunisten.

Das Gebot der Gleichheit vor dem Gesetz – das übrigens gerade nach der Überwindung und Beseitigung des Hitlerfaschismus auch international in entsprechenden Konventionen eine enorme Bedeutung erlangte – umschließt also ganz wesentlich das Verbot derartiger Diskriminierung. Mehr noch: es hat in der Fassung der Menschenrechtsdeklaration vom 10.12.1948 und den darauf beruhenden Menschenrechtskonventionen sowie auch in den deutschen Verfassungen nach 1945, nach der Überwindung der menschheitsfeindlichen Ideologie und Praxis des deutschen Hitlerfaschismus unübersehbar eine eindeutig *antifaschistische* Stoßrichtung.

Es besteht Veranlassung, an diesen historischen Zusammenhang ausdrücklich zu erinnern.

Denn auch heutzutage sind in der Bundesrepublik – bereits auf der juristischen Ebene – Unterschiede, Ungleichheiten auszumachen, so insbesondere gegenüber Ausländern, namentlich wenn diese nicht EU-Bürger sind.

Jedenfalls erbrachte nach dem 1. September 2001 das am 9. Januar 2002 verkündete und nachträglich (!) zum 1. Januar 2002 in Kraft getretene Gesetz zur Bekämpfung des internationalen Terrorismus – Terrorismusbekämpfungsgesetz – eine Reihe von gegen Ausländer (keineswegs nur des Terrorismus Verdächtige) gerichtete, diese in besonderer Weise kontrollierende Vorschriften, von denen nicht wenige schon seit Jahren zum Wunschbukett der Sicherheitsbehörden gehörten und bei dieser Gelegenheit ohne Rücksicht auf den Zusammenhang zum aktuellen Anlaß in den Gesetzesentwurf geschrieben und durch die gesetzgebende Körperschaft verabschiedet wurden. Hierzu gehören insbesondere biometrische Merkmale auf Identifikationspapieren und weitreichende Auskunftsansprüche der Behörden in Bezug auf Ausländer, auch zur Religionszugehörigkeit.

Es gibt also schon juristisch den Unterschied zwischen Deutschen im Sinne des Artikels 116 GG und Ausländern und da zwischen EU-Bürgern und anderen.

Aktuell kann heute auch die juristische Ungleichheit zwischen Ost und West in dieser Bundesrepublik, also zwischen „alten" und „neuen" Bundesbürgern, nicht übersehen werden. Ich nenne nur die „Strafrenten", bei denen rentenfremde Kriterien, so z. B. die „Staatsnähe", zu juristischer Ungleichbehandlung führen, die unter der Überschrift der „Aufarbeitung von DDR-Unrecht" betriebene Strafverfolgung, bei der gegenüber früheren DDR-Bürgern andere juristische Maßstäbe angelegt werden als gegenüber anderen Bundesbürgern, besonders krass bei der unterschiedlichen Regelung der Verjährung erkennbar.

Weiterhin gehört hierzu auch die Sonderregelung für die Rehabilitierung von Personen, die in der DDR benachteiligt oder verfolgt wurden, während die im Zuge des „Kalten Krieges", besonders bei der massenhaften „Kommunistenverfolgung" ähnlich Betroffenen nach wie vor auf ihre Rehabilitierung warten.

Jedenfalls soll nach der Idee des Gleichheitsgrundsatzes jedermann gleichermaßen juristisch berechtigt sein, dies und jenes zu tun, seine Meinung zu äußern, im Lande seinen Wohnsitz zu wechseln, eine von ihm gewünschte berufliche Tätigkeit auszuüben, sich friedlich mit anderen zu versammeln und Vereinigungen zu gründen, im Lande und ins Ausland Reisen durchzuführen, Verträge abzuschließen, Eigentum zu erwerben und zu besitzen, gewerblich tätig zu sein und Profit zu machen.

Im gleicher Weise soll er vor Gericht klagen und auftreten, sich verteidigen können, um seine Rechte dort zu verfechten. Es geht also erkennbar um gleiche Freiheitsrechte, weshalb in verschiedenen Dokumenten, auch in Menschenrechtskonventionen, von Grundrechten und Grundfreiheiten die Rede ist.

Allerdings sollte realistisch nicht übersehen werden, daß es selbstverständlich auch *begründete juristische Ungleichheiten* gibt, so die Regelung fehlender oder verminderter Geschäftsfähigkeit von Kindern und Jugendlichen (§§ 104 ff BGB) sowie bei Personen, die unter Betreuung stehen (früher entmündigt wurden usw.) gemäß §§ 1896 ff BGB sowie auch z. B. bei Vorbestraften. Es gibt also bereits auf juristischer Ebene eine Reihe von juristischen Ungleichheiten, von juristischer Ungleichbehandlung.

Träger des Grundrechts der Gleichheit vor dem Gesetz (unabhängig von Geschlecht, Abstammung, Rasse usw.) sind nach Art. 3 GG *alle Menschen*, also nicht nur Deutsche oder Bundesbürger.

Adressaten dieses Verfassungsgebotes sind staatliche Behörden und Organe, so die Legislative, die Exekutive und die Judikative. Diese haben von Verfassungs wegen das vorgenannte Grundrecht zu gewährleisten.

Privatpersonen, folglich auch Unternehmer, „Arbeitgeber" und Vermieter sind nach dem bundesdeutschen Verfassungsverständnis *nicht unmittelbare Adressaten* des Verfassungsgebotes der Gleichheit vor dem Gesetz.

Gewiß: in betreffenden Rechtsvorschriften können sie zu entsprechender Gleichbehandlung verpflichtet sein (z. B. durch § 612 Abs. 3 BGB, wo vorgeschrieben ist, daß bei einem Arbeitsverhältnis für gleiche oder für gleichwertige Arbeit nicht wegen des Geschlechts des Arbeitnehmers eine geringere Vergütung vereinbart werden darf; ein später eingefügter § 611 a BGB verbietet auch im übrigen geschlechtsbezogene Benachteiligungen) und ein Betroffener kann den Weg zum Gericht gehen, um gegebenenfalls eine von ihm behauptete Ungleichbehandlung als verfassungswidrig einzuklagen.

Eine besondere Form der Gleichheit vor dem Gesetz ist die juristische Prozeßgleichheit, die juristische „Waffengleichheit" in entsprechenden Verfahren, auf deren Wirklichkeit noch einzugehen sein wird.

Bemerkenswert ist, daß in dem 1990 vom Zentralen Runden Tisch verabschiedeten Verfassungsentwurf für die DDR eine Reihe von Aussagen zur Gleichheit vor dem Gesetz klarer und eindeutiger formuliert sind als im Art. 3 GG. So heißt es in Art. 2 dieses Entwurfs: Vor der öffentlichen Gewalt sind alle Menschen gleich. Die Willkür und ihre sachwidrige Ungleichbehandlung ist untersagt. Art. 3 Abs. 1 dieses Entwurfs sieht die Gleichberechtigung von Frauen und Männern vor; im Abs. 2 wird der Staat verpflichtet, „auf die Gleichstellung der Frau in Beruf und öffentlichem Leben, in Bildung und Ausbildung, in der Familie sowie im Bereich der sozialen Sicherung hinzuwirken".

In der Verfassung des Landes Brandenburg wurde der vorgenannte Art. 2 des vorgenannten Entwurfs im Art. 12 übernommen, und in einem Abs. 2 dieses Art. 12 neben den bekannten Umständen, wie Rasse, Abstammung, Nationalität, Geschlecht usw. auch ausdrücklich die „sexuelle Identität" eines Menschen als ein Umstand hervorgehoben wird, weswegen Bevorzugung und Benachteiligung verboten sind.

Übrigens, im Ergebnis der Verfassungsdiskussion nach dem Beitritt der DDR wurde bei Beibehaltung des Grundgesetzes, also unter Vermeidung der im Art. 146 GG vorgesehenen Beschlußfassung einer Verfassung durch das deutsche Volk in freier Entscheidung, im Jahre 1994 besonders unter dem Einfluß der Bürger der „neuen Länder", die in dem vorgenannten Verfassungsentwurf des Zentralen Runden Tisches sowie in ihren Länderverfassungen ihrer weitergehenden demokratischen Vorstellungen von Grundrechten niedergeschrieben hatten, eine bescheidene Verbesserung des Grundgesetzes vorgenommen: Hierzu gehört, daß durch Gesetz zur Änderung des Grundgesetzes vom 27.10.1994 (BGBl I Seite 3146) als Staatszielbestimmungen in den Art. 3 GG beim Absatz 2 eingefügt wurde: „Der Staat fördert die tatsächliche Durchsetzung der Gleichberechtigung von Frauen und Männern und wirkt auf die Beseitigung bestehender Nachteile hin." Und im Absatz 3 angeschlossen wurde: „Niemand darf wegen seiner Behinderung benachteiligt werden."

Gleichheit vor dem Gesetz, auch nur die juristische, ist – auch nach den beiden internationalen Menschenrechtskonventionen von 1966 – nicht nur auf den Bereich der politischen und Bürgerrechte beschränkt, sondern hat grundsätzliche

Bedeutung auch für soziale Rechte, für Gleichbehandlung in sozialer Hinsicht.

So enthält die Internationale Konvention über wirtschaftliche, soziale und kulturelle Rechte vom 16. Dezember 1966 über die allgemeine Betonung der Gleichheit bzw. Gleichbehandlung aller Menschen hinaus im Art. 6 das Recht auf Arbeit, „das das Recht eines jeden auf die Möglichkeit einschließt, seinen Lebensunterhalt durch frei von ihm gewählte oder angenommene Arbeit zu verdienen“, im Art. 7 „das Recht eines jeden auf gerechte und günstige Arbeitsbedingungen“, im Art. 9 „das Recht eines jeden auf soziale Sicherheit einschließlich Sozialversicherung“, im Art. 11 „das Recht eines jeden auf einen angemessenen Lebensstandard für sich und seine Familie, einschließlich angemessener Ernährung, Bekleidung und Wohnung, und auf die ständige Verbesserung der Lebensbedingungen“, im Art. 12 „das Recht eines jeden auf den höchsten erreichbaren körperlichen und geistigen Gesundheitszustand“ und im Art. 13 „das Recht eines jeden auf Bildung“.

Entsprechend der dem bundesdeutschen Grundgesetz zugrunde liegenden verfassungspolitischen Konzeption finden sich derartige ebenfalls dem Gleichheitsgebot, dem Menschenrecht der Gleichheit unterfallende gleiche soziale Rechte nicht.

Demgegenüber enthielt die Verfassung der DDR (von 1968) im Kapitel über die Grundrechte und Grundpflichten der Bürger über die politischen Rechte (und Pflichten) hinaus auch verfassungsrechtliche Regelungen von sozialen Rechten, so in Art. 24 das Recht jedes Bürgers der DDR „auf Arbeit“, darin eingeschlossen das Recht „auf gleichen Lohn bei gleicher Arbeitsleistung“ für „Mann und Frau, Erwachsene und Jugendliche“, das „gleiche Recht auf Bildung“ (Art. 25), „das Recht auf Freizeit und Erholung“ (Art. 34), „das Recht auf Schutz seiner Gesundheit und seiner Arbeitskraft“ (Art. 35), „das Recht auf Fürsorge der Gesellschaft im Alter und bei Invalidität“ (Art. 36) und „das Recht auf Wohnraum für sich und seine Familie“ (Art. 37).

Ohne an dieser Stelle auf Einzelheiten und auch gewisse Probleme bei der Verwirklichung dieser allen Bürgern der DDR gleichermaßen zustehenden soziale Rechte eingehen zu können, darf betont und erklärt werden, daß im Grundsatz diese Rechte in der DDR verwirklicht wurden.

Diese Errungenschaft darf nicht vergessen werden!

Wie weit demgegenüber die Bundesrepublik, deren Grundgesetz solche sozialen Rechte grundsätzlich ausklammert, und zwar auch, nachdem die Bundesrepublik dem vorgenannten Internationalen Pakt über wirtschaftliche, soziale und kulturelle Rechte beigetreten war, solche sozialen Grundrechte in ihre Rechtsordnung nicht aufnahm und deren Verwirklichung für belanglos oder zumindest nicht für realisierbar ansieht, darf als bekannt vorausgesetzt werden.

Weiterhin muß auf die Erkenntnis des Bundesverfassungsgerichts verwiesen werden, daß das Gleichheitsprinzip eine Ungleichbehandlung aus sachlichen Gründen nicht ausschließt, sofern diese nicht willkürlich ist. Das gilt sowohl auf der Ebene der Gesetzgebung wie der Rechtsanwendung.

Hier aber ist die Crux. Welche sachlichen Gesichtspunkte sind rechtlich vertretbar und nicht willkürlich und welche nicht?

Mit der Anerkennung der Zulässigkeit von juristischen Unterschieden aus Sachgründen beginnt die Gefahr für die Gleichheit vor dem Gesetz bereits auf juristischer Ebene. Welche rechtlich begründeten Sachgründe erlauben eine Sonderbehandlung bestimmter Vereinigungen und Parteien? (z. B. §§ 129 a und 129 b StGB und Parteienverbot); über Ausländer und Vorbestrafte haben wir schon gesprochen. Welche Zusammenschlüsse und Demonstrationen sollen erlaubt werden, welche nicht? Welche Religionen (oder Weltanschauungen) sollen im Lande das Religionsprivileg genießen und welche nicht?

Ist es wirklich sachlich gerechtfertigt, Demonstrationen von Neonazis unter dem Gesichtspunkt des gleichen Rechtes für alle zu erlauben, wie wir das wiederholt bei bundesdeutschen Verwaltungsgerichten erleben? Hat nicht die Gleichbehandlung der „braunen Horden“ in der Weimarer Zeit die „Machtergreifung“ der Nazis und dann die offene Ungleichbehandlung im NS-Staat gefördert?

In diesem Zusammenhang ist daran zu erinnern, daß die vorgenannte Verfassung der DDR von 1968 sowohl das Recht auf Meinungsfreiheit (Art. 27) als auch das Recht auf Versammlungsfreiheit (Art. 28) und das Recht auf Vereinigungsfreiheit (Art. 29) in konsequent demokratischer Weise ausdrücklich nur auf eine Ausübung dieser Rechte *gemäß den Grundsätzen dieser Verfassung* vorsah. Damit war von Verfassungs wegen eindeutig bestimmt, daß faschistische und andere eindeutig antidemokratische Aktivitäten nicht den Schutz der Verfassung und der darin vorgesehenen Grundrechte genossen. Dem Grundgesetz fehlt bekanntlich eine eindeutige Antifaschismusklausel. Die etablierten Parteien des Bundestages haben mit eigentümlichen Vorwänden den aus aktuellen Anlässen gestellten Antrag der PDS, eine solche Antifaschismusklausel in das Grundgesetz aufzunehmen, abgelehnt. Sie haben sich damit, was ihr Bekenntnis zur Demokratie betrifft, entlarvt.

Selbstverständlich stellt das Recht nicht alle Handlungen gleich; selbstverständlich werden Unterschiede gemacht, so zwischen Straftaten bzw. Verbrechern einerseits und Opfern andererseits, zwischen rechtswidrigen Angriffen und einer rechtmäßigen Verteidigung in Fällen der Notwehr.

Auch im Völkerrecht, so namentlich durch die UN-Charta, wird zwischen (verbrecherischer) Aggression und völkerrechtlich anerkannten Verteidigungshandlungen eindeutig unterschieden.

Das Recht und auch die positiven Gesetze kennen also keine gleichen Rechte für Verbrecher und Rechtssubjekte, die die Rechtsordnung einhalten und beachten. Die Gleichheit vor dem Gesetz gilt immer nur vom Boden des Rechts her, vom Boden der Rechtmäßigkeit her und stellt niemals Verbrecher und deren Opfer auf eine Stufe.

So weit läßt sich also aus juristischer Sicht das Thema der Gleichheit vor dem Gesetz (und vor dem Gericht) umreißen.

Aber weit bedeutsamer wird die Frage der Gleichheit oder Ungleichheit vor dem Gesetz, wenn wir die soziale, insbesondere die *ökonomische Realität* hinzunehmen und ihre faktischen

Auswirkungen auf die juristische Gleichheit betrachten. Es ist nicht übertrieben zu sagen, daß die ökonomische Realität, d. h. vor allem die Unterschiede in der ökonomischen Verfügungsmacht über Produktionsmittel der verschiedensten Art die in Verfassungen deklarierte Gleichheit vor dem Gesetz de facto in ihr Gegenteil verkehren, sie pervertieren. Es soll hier genügen, auf Anatole France zu verweisen, der dem einen Bettler verurteilenden Richter die Worte in den Mund legte: „Das Gesetz in seiner erhabenen Gerechtigkeit verbietet es Reichen wie Armen in gleicher Weise, unter Brücken zu schlafen und Brot zu stehlen."

Es kann nicht oft genug betont werden, daß Politiker und Parteien, die sich zum „linken" Spektrum in der Gesellschaft zählen, niemals nur auf der Ebene der juristischen Gleichheit stehen bleiben dürfen. Sie müssen diese stets in ihrem Kontext mit den ökonomischen Realitäten betrachten und den schreienden Widerspruch zwischen schönen Verfassungstexten und der Verfassungswirklichkeit deutlich machen. Sie dürfen nicht bei Forderung nach juristischer Gleichheit stehen bleiben, sondern haben soziale Gerechtigkeit zu verlangen und einzufordern.

In diesem Zusammenhang ein Stichwort zur Gerechtigkeit, ohne dieses Thema an dieser Stelle hinreichend behandeln zu können. Uns soll und muß hier genügen zu betonen, daß die Gleichbehandlung der Menschen das Kernstück ihrer Gerechtigkeit ausmacht. (Schon Kinder empfinden Ungerechtigkeit, wenn sie ungleiche Behandlung erleben, wenn der eine mehr bekommt als der andere.)

Deshalb soll hier genügen zu sagen, daß die (juristische) Gleichheit vor dem Gesetz durchaus eine wesentliche Vorbedingung und ein Element der (juristischen) Gerechtigkeit darstellt, daß die geforderte soziale Gerechtigkeit vor allem einschließt, daß sowohl die politischen und Bürgerrechte als auch die wirtschaftlichen, sozialen und kulturellen Menschenrechte, auch de facto, in hohem Maße verwirklicht werden.

Es ist nicht neu: Von dem jedermann zustehenden Recht der freien Meinungsäußerung kann unter kapitalistischen Bedingungen in gesellschaftlich bedeutsamem Maße – also nicht nur im Kreise der Familie, von Freunden und Bekannten oder am Stammtisch, sondern über Medien und Verlage – selbstredend nur Gebrauch machen, wer über die ökonomischen, finanziellen und anderen praktischen Mittel verfügt, seine Meinung in Publikationen und in den Medien – selbst oder durch andere – bekannt zu machen. Daher gilt: Wer die Medien beherrscht, beherrscht auch die Gedankenwelt, das Geistesleben in der betreffenden Gesellschaft.

Ebenso ist geläufig und nicht mehr besonders zu betonen, daß die Freiheit der Ausbildung, insbesondere einer beruflichen Ausbildung und der Ausübung eines Berufes, namentlich des gewünschten, maßgeblich davon abhängt, daß der Betreffende über die finanziellen Mittel dafür verfügt. Eben deshalb ist zu fordern, allen Kindern ohne Rücksicht auf ihre soziale Herkunft und den „Geldbeutel" der Eltern die ihnen adäquate Ausbildung zu ermöglichen.

Um eine Wohnung anzumieten oder zu kaufen, bedarf es entsprechender finanzieller Mittel, andernfalls der Betreffende auf minderwertige Behausung oder gar auf Obdachlosigkeit angewiesen ist.

Die DDR-Verfassung enthielt nicht nur die Verankerung der jeweiligen Grundrechte, sondern auch Verfassungsbestimmungen, die deren Gewährleistung betrifft. Im Art. 24 Abs. 3 der DDR-Verfassung von 1968 wird festgehalten, durch welche tatsächlichen Umstände das Recht auf Arbeit gewährleistet wird. Ähnliche die Realisierung der jeweiligen Grundrechte betreffender Bestimmungen enthielten Art. 25 und 26 (bzgl. des Rechts auf Bildung) oder der Art. 28 (Versammlungsfreiheit), der die Nutzung der materiellen Voraussetzungen zur ungehinderten Ausübung dieses Rechts beschreibt, oder Art. 34 (Recht auf Freizeit und Erholung), der in seinem Absatz 2 die Realisierungsbedingungen dafür vorsieht, oder Art. 35 (Recht auf Schutz der Gesundheit und der Arbeitskraft), der in seinen Absätzen 2 und 3 die materiellen Voraussetzungen für die Gewährleistung dieses Rechts vorsieht; entsprechendes galt für Art. 36 (Recht auf Fürsorge im Alter und bei Invalidität) und Art. 37 (Recht auf Wohnraum).

Die enorme praktische Bedeutung der materiellen Voraussetzungen zur Realisierung von Grundrechten, die allen Menschen bzw. zumindest allen Staatsbürgern, in gleicher Weise zustehen sollen, haben die „neuen" Bundesbürger – wie in einem praktischen Lehrstück, also weit nachhaltiger als in Staatsbürgerkunde oder ähnlichen politischen Bildungsveranstaltungen in der DDR – sehr anschaulich erfahren; sie lernten handgreiflich: Um Freizügigkeit und die Freiheit des Reisens zu nutzen, bedarf es entsprechender finanzieller Mittel. Ohne diese bleibt die Reisefreiheit ein unerfüllbarer Traum. Auch bei der Gesundheitsversorgung erleben wir in Gestalt einer sogenannten „Zwei-Klassenmedizin" zunehmend die Bedeutung der Realität der ökonomischen und finanziellen Ungleichheit, weshalb es schon nicht so ganz falsch ist zu sagen: weil du arm bist, mußt du früher sterben.

Um einen Gewerbebetrieb zu begründen, bedarf es entsprechender Kapitalien. Gerade weil im Osten Deutschlands frühere DDR-Bürger in der Regel nicht über entsprechende Kapitalien verfügten, konnten sie weder im Zuge der Privatisierung ehemals volkseigener Betriebe oder Unternehmen durch die Treuhandanstalt solche erwerben – weshalb die Nutznießer dieser Privatisierung fast durchweg westliche Unternehmen sind und auf diese Weise eine weitere massenhafte Enteignung der DDR-Bürger stattfand –, noch mit der marktwirtschaftlich erforderlichen wirtschaftlichen Großzügigkeit neue Unternehmungen aufbauen.

Die mangelnde Kapitaldecke im Osten Deutschlands ist – wie inzwischen wohl allgemein bekannt – ein Hauptgrund für die miserable wirtschaftliche Situation dort. Entsprechendes gilt für die Erlangung von Krediten, für die die Banken geeignete Sicherheiten fordern; wer keine Sicherheiten hat, z. B. in Gestalt von Grundstücken, Grundvermögen, Goldreserven oder ähnlichem, hat geringere Chancen, Kredite zu erlangen und folglich wirtschaftlich vorankommen zu können. Also auch die Verwirklichung des Rechts auf Profitmachen hängt zunächst von ökonomischen und finanziellen Voraussetzungen ab.

Nicht minder erleben wir die Wirkung der materiellen Realität vor Gericht. Zwar gewährt die Rechtsordnung – in Übereinstimmung mit Bestimmungen der Menschenrechtskonventionen – auch demjenigen, der nicht über entsprechende finanzieller Mittel verfügt, einen Rechtsanwalt bzw. Strafverteidiger zur Seite gestellt zu bekommen. Da aber auch die Anwaltschaft den Gesetzen des Marktes unterworfen ist, bleibt, daß ein Pflichtverteidiger oder beigeordneter Rechtsanwalt (der dann für ein „Taschengeld" tätig zu werden hat) möglicherweise weniger intensiv arbeitet, insbesondere weniger aufwendig tätig wird, als ein Rechtsanwalt, der von zahlungsfähigen Mandanten ein entsprechendes Honorar erhält. Demzufolge bleiben dem finanziell schlechter Gestellten viele juristische Möglichkeiten, Rechtsbehelfe oder Rechtsmittel, etwa bis zum Bundesverfassungsgericht oder zu Europäischen Gerichtshöfen zu gehen, verschlossen. Die Chance, auf juristischer Ebene die in Verfassungen feierlich verkündeten Rechte und Freiheiten auch tatsächlich nutzen zu können, hängt also ganz augenscheinlich von den jeweiligen realen ökonomischen und finanziellen Voraussetzungen ab:

Der Reiche kann seine Rechte und Freiheiten nutzen, für den Armen bleiben sie eine Illusion und ein Phantom.

Mithin ist es nicht falsch in Bezug auf die Gleichheit vor dem Gesetz (und vor dem Gericht) in kapitalistischen Staaten von einer lediglich *formalen Gleichheit* zu sprechen.

Es ergibt sich als Aufgabe und Forderung: Die in Verfassungen und Menschenrechtskonventionen verankerten gleichen Rechte und Freiheiten müssen gegen jede Einschränkung und Unterminierung verteidigt werden.

Der Jahrtausende alte Traum der Armen, Ausgebeuteten und Unterdrückten auf soziale Gerechtigkeit bedarf weltweiter gemeinsamer Anstrengungen, um die immer krasser gewordenen und augenscheinlich immer krasser werdenden sozialen Unterschiede in der Gesellschaft des Monopolkapitalismus letztendlich zu überwinden.

Geld entzweit oder: Das Sein bestimmt das Bewußtsein

Erfahrungen und Erlebnisse eines Rechtsanwalts. Gedankenskizze

Nach der Wende kam es nicht nur im Osten Deutschlands, in der früheren DDR, zu ganz wesentlichen Veränderungen, die sich auf das Verhalten und die Denkweise der Menschen auswirkten.

Ein Rechtsanwalt gewinnt in den Kontakten mit seinen Mandanten – besonders bei einem guten Vertrauensverhältnis – Einblicke, die anderen, vor allem den Medien und Behörden, verschlossen bleiben. Deshalb sollte ein Rechtsanwalt – ohne daß in ihn von seinen Mandanten gesetzte Vertrauen zu verletzen – die Öffentlichkeit über solche historisch einmaligen Wandlungen unterrichten.

Es darf als bekannt, als allgemeinkundig vorausgesetzt werden, daß es nach der Wende im Osten Deutschlands, in der früheren DDR, keineswegs zu blühenden Landschaften kam, wie seinerzeit Kanzler Kohl den Ostdeutschen versprach. Gewiß haben einige ehemalige DDR-Bürger materielle Verbesserungen erfahren, aber außer permanent hoher Arbeitslosigkeit, Verlust von Wohnungen und Häusern, rechtswidriger Strafverfolgungen mit unnötig hohen Kosten, vielfältigen Verleumdungen und Straf-Renten gab es auch vieles andere Negatives, worüber in den Medien kaum berichtet wird. Allgemeinkundig ist auch die andauernde West-Flucht, und zwar gerade nach dem Ende der DDR, sowie der Geburtenknick (ähnlich wie auch 1953 sich manche jungen Paare wegen der Gefahr eines dritten Weltkriegs den Kinderwunsch versagten), zunächst unmittelbar nach 1990, aber danach und stetig, so daß heute Ostdeutschland die geringste Geburtenrate in der ganzen Welt aufweist.

Mehr als einmal begegneten mir Menschen, und zwar auch „Wessis", die sich die Mauer wieder wünschen, aber diesmal noch viel höher.

Tatsächlich war die Zeit nach der Wende und das Ende der DDR für die Mehrzahl der früheren DDR-Bürger eine komplizierte Umstellung; viele veränderten sich in ihrem Charakter. Gemeint sind nicht nur jene Wendehälse und diejenigen, die sich angepaßt haben, sondern auch viele andere.

Von ganz wesentlicher Bedeutung ist dabei, daß nicht nur in einem rasanten Tempo Kapitalismus über die Menschen in der DDR hereinbrach, – dieses Tempo spiegelt auch die Gesetzgebung wider: am 9. Februar 1990 wurde im Hinblick auf die absehbare große Arbeitslosigkeit eine Verordnung über staatliche Unterstützung und Ausgleichszahlungen während der Zeit der Arbeitsvermittlung, eine Verordnung über Umschulung, eine Verordnung über Vorruhestand und am 7. März wurde eine über Arbeitsämter beschlossen; am 1. März dieses Jahres 1990 wurde die Umwandlung volkseigener Betriebe in Kapitalgesellschaften (GmbH und AG, wobei die Treuhand die betreffenden Anteile übernahm) beschlossen, am 6. März das Gewerbe-Gesetz, das die Gewerbefreiheit festschrieb, am 8. März ein Gesetz über Gründung und Tätigkeit privater Unternehmen und Unternehmensbeteiligungen, am 27. März eine Verordnung über Spielcasinosteuer – sondern daß auch, nachdem bereits zum 1. Juli wesentliche bundesdeutsche Rechtsvorschriften in der DDR eingeführt worden waren, geradezu über Nacht – namentlich zum 3. Oktober 1990 – eine ihnen fremde Rechtsordnung und eine ihnen fremde Justiz über sie kam. Auch nach zehn Jahren fällt es den früheren DDR-Bürgern schwer, sich mit dieser fremden Rechtsordnung und Justiz abzufinden.

Bei den unterschiedlichsten Mandanten, die ich zu betreuen hatte, ist mir kein einziger Mandant begegnet, der diese bundesdeutsche Rechtsordnung und ihr Justizsystem gutgeheißen hätte. In aller Regel hörte ich solche Äußerungen wie: Gehen Sie mir doch mit diesem Rechtsstaat weg!

In anderen Zusammenhängen war bereits darauf hingewiesen worden, daß Arbeitslosigkeit und Sorge vor der Zukunft Bürger mit dem Gesetz in Konflikt geraten ließ, die unter anderen Verhältnissen niemals kriminell geworden wären, so dadurch, daß sie infolge Arbeitslosigkeit sich als Miniunternehmer versuchten und nun, an ihre Beschäftigten, darunter frühere Arbeitskollegen denkend, diesen ihren Nettolohn zahlten, ohne gleichzeitig auch die Beiträge zur Sozialversicherung oder zur Bundesanstalt für Arbeit abgeführt zu haben (strafbar nach § 266 a), daß sie als solche Steuerpflichtigen wegen Zahlungsunfähigkeit sich einer Steuerhinterziehung schuldig gemacht hatten, daß sie als solch ein Miniunternehmer oder Geschäftsführer einer Mini-GmbH versäumt hatten, rechtzeitig Konkurs anzumelden, daß sie sich einer Verkehrsunfallflucht schuldig gemacht hatten, weil sie – wie in der DDR üblich und ausreichend – nach einem solchen Verkehrsunfall „lediglich" ihre Anschrift und Telefonnummer hinterlassen, aber nicht am Unfallort gewartet hatten. Viele mußten – was in der DDR völlig unbekannt war – als „Arbeitnehmer", als Unterhaltsberechtigte oder sonst als Gläubiger ewig auf ihr Geld warten, insbesondere wegen Lohnforderungen, was sie nicht selten in eine schwierige oder ausweglose Lage brachte. Auch ist auf durch den Umbruch bedingte Fälle des Selbstmordes bzw. des erweiterten Suizids hinzuweisen.

Es gibt danach andere Formen, in denen sich die Wandlung ehemaliger DDR-Bürger zeigt. Daß das Geld die Menschen, auch die Familienangehörigen, entzweit – was es so früher in der DDR nicht gab –, erlebten wir ganz besonders bei Erbstreitigkeiten.

Gute Nachbarn – böse Nachbarn

Es waren einmal zwei Ehepaare, die jeweils eine Hälfte eines Doppelhauses mit Garten bewohnten. Dort lebten sie über viele Sommer und Winter in Eintracht und Frieden. Da kam die Wende und eine neue Rechtsordnung. Sehr bald war der Frieden zwischen den Nachbarn dahin. Die einen hatten sich aus der neuen Rechtsordnung Rechte herausgesucht und verlangten nun von den anderen Leistungen. Das Doppelhaus war seinerzeit – wirtschaftlich sehr vernünftig und auch wegen Materialersparnis – so angelegt, daß die Dachrinne das Regenwasser für beide Dachhälften aufnahm und in einem Fallrohr abführte; für beide Doppelhaushälften war ein Anschluß an den öffentlichen Regenwasser- und Abwasserkanal angelegt; in gleicher Weise gab es für beide Doppelhaushälften auch nur einen Anschluß an die Leitungen für Gas und elektrischen Strom. Über viele Jahrzehnte war dies kein Problem. In Abständen hatten beide Nachbarn die Dachrinnen abwechselnd gereinigt, und auch sonst half man sich gegenseitig, wie das damals überall gang und gäbe war. Beide Ehepartner waren Mieter der Wohnungen in ihrer Doppelhaushälfte eines volkseigenen Hauses auf volkseigenem Grund und Boden.

Die Wende eröffnete ihnen, die jeweils bisher bewohnte Haushälfte des Doppelhauses, samt Garten, käuflich zu erwerben. Sie wollten Eigentümer werden! Die Kaufverträge waren noch im Juni 1990 vor einem Notar des staatlichen Notariats der DDR rechtswirksam abgeschlossen worden; Eigentümer wurden sie erst durch die Eintragung in das Grundbuch – fünf Jahre später. Inzwischen entbrannte der Rechtsstreit.

Da die beide Haushalte versorgende eine Abwasserleitung und auch die anderen Leitungen für Gas und elektrischen Strom über das Grundstück des Nachbarn gehen, verlangte dieser, daß unsere Mandanten eine eigene Dachentwässerung und Abwasserleitung anlegten. Unsere Mandanten – Rentner mit geringer Rente – konnten das nicht finanzieren. Vor allem aber war nicht einzusehen, daß die Nachbarn eine solche Veränderung eines über Jahre bestehenden Zustandes sollten fordern dürfen, zumal sie im Jahre 1990 den Kaufvertrag ohne jede Vorbehalte abgeschlossen hatten. Die Nachbarn beauftragten einen Rechtsanwalt. In seinen Schriftsätzen sprach er von „Besitzstörung“ durch unsere Mandanten. Schließlich erhoben die Nachbarn Klage. Da beide Parteien nicht begütert waren, beantragten sie Prozeßkostenhilfe. Das Gericht bewilligte sie beiden Parteien – womit es erkennen ließ, daß weder die eine, noch die andere Partei von vornherein mit Sicherheit im Recht wäre. Das Gericht empfahl: Beide Parteien sollten die Verstopfungen beseitigen, damit das Regenwasser in den öffentlichen Regenwasserkanal ablaufen kann.

Wegen der Regenrinne auf dem Dach sollte ein Gutachten darüber eingeholt werden, ob diese grundsätzlich ausreichend sei. Aber die Kläger widerriefen den Vergleich. Der Rechtsstreit ging weiter. Auch abwegige Rechtsvorschriften wurden ins Feld geführt. Unseren Mandanten stand Bestandsschutz zur Seite: Schließlich empfahl sich die Einschaltung eines Notars. Dort kam es zu einer Vereinbarung über die Eintragung eines Rechtes unserer Mandanten auf Durchleitung von Gas, Wasser und Abwässer, einschließlich Dachentwässerung, durch das Grundstück der Nachbarn. Dieses Leitungsrecht wurde – mehr als zehn Jahre nach der Wende – im Grundbuch in der Abteilung 2 als Grunddienstbarkeit eingetragen. Aber die durch den Rechtsstreit ausgelöste Feindseligkeit zwischen den Nachbarn blieb bestehen! Wäre die Wende nicht gekommen, hätten beide Ehepaare wie vordem noch viele Jahre in guter Nachbarschaft und in Frieden miteinander gelebt.

Kriminalitätsbekämpfung und Strafrecht in der DDR

Als langjähriger Ordinarius für Strafrecht an der Berliner Humboldt-Universität sehe ich mich legitimiert, sachkundig und kompetent zu Fragen der Kriminalitätsbekämpfung und des Strafrechts in der DDR zu sprechen. Aus mehreren Gründen konzentriere und beschränke ich mich auf den Bereich der sogenannten allgemeinen, der „normalen" Kriminalität. Denn das politische Strafrecht ließe sich nur unter hinreichender Berücksichtigung der Konteraktion seitens des westdeutschen Staates, auf dem Hintergrund des „Kalten Krieges" behandeln.

Daß Kriminalität – ohne näher auf bestimmte Theorien zu Ursachen der Kriminalität einzugehen – etwas mit den jeweiligen gesellschaftlichen Zuständen, mit den sozialen Verhältnissen zu tun hat, wird heutzutage – in Variationen – allgemein anerkannt.

Die Entwicklung in beiden deutschen Staaten stellt sich uns Kriminologen dabei kriminologisch geradezu als eine Art großangelegten „Laborversuches" zu der wie auch immer in einzelnen gearteten gesellschaftlichen Bedingtheit der Kriminalität dar.

Die Nachkriegskriminalität war zunächst in ganz Deutschland in Art und Dimension weitgehend gleich oder ähnlich und außerordentlich hoch; auch wurde in Ost und West zunächst bis 1952 gleichermaßen ein Rückgang der 1945 extraordinär hohen Kriminalität wahrgenommen.

Seit diesem Zeitpunkt aber, seit 1952, war in Ost und West eine nicht nur quantitativ unterschiedliche Entwicklung zu beobachten: Zählte man auf dem Gebiet der Sowjetischen Besatzungszone (SBZ) unmittelbar nach dem Kriege etwa eine halbe Million Straftaten, so reduzierte sich diese Zahl im Verlaufe etwa zweier Jahrzehnte und pegelte sich später bei etwas über 100.000 Delikten für das Staatsgebiet der DDR ein. In der alten Bundesrepublik wuchs die festgestellte Kriminalität im Laufe der Jahre (in Wellen) auf über vier Millionen Delikte an. Nach der Kriminalitätshäufigkeitsziffer (d.h. Kriminalitätsfälle bezogen auf Bevölkerungsgröße) tendierte die Diskrepanz zu einer Relation von 1 : 10.

Vor allem aber war die Kriminalität in der DDR ihrer Schwere und ihrer Art nach, das heißt nach der Art der vorherrschenden und vorkommenden Verbrechen gegenüber den in der Bundesrepublik und westlichen Ländern geradezu embryonal: Terrorismus, Geiselnahmen, Banküberfälle, insbesondere bewaffnete, Geldzeichenfälschungen, Drogendelikte und viele andere Formen von Schwerstkriminalität beziehungsweise sogenannter „organisierter Kriminalität", die in der Bundesrepublik zunehmend zum Alltag gehörten, gab es in der DDR entweder überhaupt nicht oder nur in minimalen Einzelfällen. (Wozu sollte man auch Geldzeichen einer nicht konvertierbaren Währung nachmachen?) Seit Kriegsende galt in der SBZ/DDR ein striktes Verbot des (illegalen) Besitzes von Schußwaffen; Handel damit war untersagt und unterbunden; auch für Drogenkriminalität gab es kaum adäquate Bedingungen usw.

Daß die Kriminalität in der DDR verhältnismäßig niedrig war, war in Ost und West allgemein bekannt, so daß ich es mir erspare, dafür Zahlen anzuführen. In einer unter Schirmherrschaft der UNO herausgebrachten Studie wurde die DDR zu den zehn Staaten mit der niedrigsten Kriminalität gerechnet.

Von westlicher Seite wurde die unbestreitbare Tatsache der geringen Kriminalitätsbelastung der DDR als solche eingeräumt. Zur Erklärung der deutlich stärkeren Kriminalitätsbelastung im Westen, auch in der Bundesrepublik, wurde dieses Phänomen als „Tribut an die Freiheit" erklärt, um damit auszudrücken, daß die niedrige Kriminalität in der DDR der hier herrschenden Diktatur geschuldet sei. Ich will mich hier nicht damit auseinandersetzen.

Hier ist wesentlich, daß die *entgegengesetzte Kriminalitätsent-*

wickung in beiden deutschen Staaten mit der zunehmend entgegengesetzten gesellschaftlichen Entwicklung zusammenfällt: In der Bundesrepublik restaurierte sich – mit viel US-Kapital – der Kapitalismus, auch wenn er in Phasen der Prosperität und im Hinblick auf die Entwicklung in der DDR als westliches *Schaufenster* der „sozialen Marktwirtschaft" heraus- und vorgestellt wurde. In der DDR wurde demgegenüber auf der Grundlage mehr oder weniger realer sozialistischer Produktionsverhältnisse bei Gewährleistung des Rechtes auf Arbeit ein hohes Maß an sozialer Sicherheit und sozialer Gerechtigkeit für die breitesten Schichten des Volkes – wenngleich auf relativ bescheidenem Niveau – durchaus zuverlässig gesichert. Ohne Sorge um den Arbeitsplatz, um drohende Obdachlosigkeit oder fehlende gesundheitliche Betreuung entwickelte sich in breitem Umfang ein Gefühl sozialer Geborgenheit, der unbesorgten Erwartung des morgigen Tages. Solches, jedenfalls, was die elementarsten Lebensbedürfnisse betrifft, weitgehend sorgenfreies Leben in der DDR wird heutzutage gern als „Versorgungsmentalität" in einem „Versorgungsstaat" diffamiert. Demgegenüber wird die Ellenbogengesellschaft unter der Parole „Eigenverantwortlichkeit" hochgelobt.

Natürlich gab es, und zwar zunehmend besonders seit der zweiten Hälfte der siebziger Jahre, auch in der DDR verschiedene soziale Probleme und Widersprüche und wachsende allgemeine Unzufriedenheit, die auch als individuelle oder zwischenmenschliche Konflikte erlebt wurden und die auch Formen eines individuellen stumpfen anarchischen Protestes annahmen, sich also in kriminellem Verhalten einzelner äußerten.

Aber die Grundthese der gesellschaftlichen Bedingtheit der Kriminalität wurde durch das Exempel DDR schlagend bewiesen.

Als die DDR zu Ende ging und das bundesdeutsche Rechts- und Gesellschaftssystem auf das Staatsgebiet der DDR ausgedehnt wurde, waren sich Strafrechtler und Kriminologen in Ost und West darüber einig, daß die Kriminalität in den sogenannten neuen Ländern alsbald Anschluß an das Niveau der alten Bundesländer finden werde. Zu den ersten bisher ungewohnten Kriminalitätsformen gehörten bewaffnete Raubüberfälle auf ungenügend gesicherte Banken und Sparkassen im Osten, woran erfahrene westdeutsche Kriminelle maßgeblich beteiligt waren. Lediglich die Drogenkriminalität faßte nur sehr langsam Fuß im Osten.

Ich betone die *gesellschaftliche Bedingtheit der geringen Kriminalitätsbelastung* in der DDR auch deshalb, weil in der DDR in verschiedenen offiziellen Verlautbarungen, so auch der SED-Spitze, erklärt oder zumindest der Anschein erweckt wurde, als sei dieses erfreuliche Bild der guten Arbeit der Justiz- und Sicherheitsorgane geschuldet. Das war schon damals falsch. Nirgends, auch in der DDR nicht, vermögen Strafrecht, Strafjustiz und Polizei der Kriminalität ernstlich das Wasser abzugraben. Auf Strafrecht, mehr und besonders strenge Strafen zu setzen, war auch in der DDR grundfalsch, und ich befürworte auch heute keinen Strafenfetischismus, keine Strafenrigorosität. Daß im Kampf gegen die Kriminalität nicht die Höhe der Strafe entscheidend ist, weiß man seit Cesare Beccaria. Er schrieb in seinem „Unsterblichen Werk von Verbrechen und Strafen" vor mehr als 200 Jahren auf S.110: „Nicht die Grausamkeit der Strafe, sondern ihre Unfehlbarkeit" sei entscheidend. Das wurde in der DDR mit einem Wort von Lenin verbreitet: entscheidend sei nicht die Härte der Strafe, sondern ihre Unabwendbarkeit (Werke, Bd. 4, S. 399). Wir kommen auf dieses Problem am Schluß noch einmal zurück.

Eine Untersuchung in den sechziger Jahren brachte zutage, daß das Niveau der Kriminalitätsentwicklung in der DDR sich weitgehend unabhängig vom Niveau der Strafen bewegte; spätere Untersuchungen haben das bestätigt. Insbesondere hat sich immer wieder gezeigt, daß gerade auch der Rückfallkriminalität (oder der sogenannten „kriminellen Asozialität") nicht mit Strafen oder gar mit Strafverschärfungen beizukommen ist.

Soweit solche Untersuchungen auf *Individuen* abgestellte waren, ergab sich (vereinfacht) folgendes Bild. Ob jemand wieder straffällig wird, hängt, von anderen Bedingungen abgesehen, weniger von der Art oder gar der Schwere der *Strafe* ab, sondern von der *Persönlichkeit* des Täters und seiner sozialen

Umgebung, seiner *sozialen Einbindung*. Eine innerlich gefestigte, sozial integrierte Persönlichkeit wird auf dem Hintergrund hoher sozialer Sicherheit in aller Regel nicht wieder straffällig. Wer jedoch wenig oder gar nicht sozial integriert ist, wer nicht gesellschaftsgemäß (oder sozialadäquat) lebt, wird viel wahrscheinlicher wieder straffällig, selbst wenn ihm eine harte Strafe auferlegt worden war.

Wie wenig, auch in der DDR, die Kriminalitätsentwicklung von Strafrecht und Strafjustiz abhängt, illustrierte ein anderer Vorgang, der geradezu als ein (ungewollter) zeitlich befristeter „Laborversuch" angesehen werden kann: Aus hier nicht weiter auszuführenden politischen Gründen wurde im Sommer 1987, nämlich am *17. Juli* dieses Jahres, durch Beschluß des Staatsrates der DDR aus Anlaß des 38. Jahrestages der Gründung der DDR am *7. Oktober* eine außerordentlich umfassende, fast totale Amnestie, im wahrsten Sinne des Wortes eine *Generalamnestie*, erlassen. Die uns hier interessierende Besonderheit bestand darin, daß diese Amnestie, völlig ungewöhnlich, fast drei Monate vor ihrem Wirksamwerden bekannt gemacht wurde! Es fielen also nicht nur bereits begangene, bekanntgewordene beziehungsweise abgeurteilte Straftaten unter die Amnestie, sondern – ob beabsichtigt, sei dahingestellt, – für einen Zeitraum von einem Vierteljahr auch *künftige* Straftaten. Das war doch ein beispielloser Freibrief für Kriminelle!

Und *Friedrich Christian Schröder* aus Regensburg frohlockte in der FAZ vom 5.8.1987 schon ob dieses der DDR unterlaufenen „juristischen Schnitzers, dessen Folgen bisher noch nicht abzusehen" seien. Etwas realistischer schrieb *Roggemann* (Osteuropa-Institut der FU), daß eine derart umfangreiche Straffreistellung nur im Rahmen einer Gesellschafts- und Rechtsordnung möglich erscheine, in der ein genügendes Maß an sozialer Integration und darüber hinaus wohl auch an Partizipationsbereitschaft der Rechtsgenossen *erreicht* sei. „Anderenfalls müßte eine Generalamnestie dieses Ausmaßes in ein Chaos führen oder an gesellschaftlicher Verweigerung scheitern." (NJW 88, S. 27). Diese Zitate beziehungsweise unterschiedlichen Prognosen stammen aus der Zeit *vor* dem Wirksamwerden und vor dem Vollzug der Amnestie.

Was ergab sich? Gab es einen Kriminalitätsboom? Gab es ein Chaos? Nein, ganz und gar nicht!

Auch in diesem Quartal der offiziellen Freistellung von strafrechtlicher Verfolgung zwischen dem 17. Juli und dem 7. Oktober 1987 gab es – man möchte es kaum glauben – *keine Kriminalitätszunahme*! (Die in diesen Monaten registrierte Kriminalität lag sogar noch um 2% unter derjenigen der Vergleichsmonate im Vorjahr.)

Daß diese Generalamnestie mit der Entlassung fast aller Strafgefangenen verschiedene andere, vornehmlich ökonomische Probleme mit sich brachte (es fehlten über Nacht die zahlreichen Strafgefangenen als Arbeitskräfte an Schwerpunkten der Volkswirtschaft), muß hier nicht näher erörtert werden. Für die DDR allerdings war das im Winter 1987/88 eines ihrer größten Probleme. Die den zuständigen Organen der DDR mit dieser Amnestie gestellte Aufgabe ihrer Durchführung war außerordentlich schwer und verlangte von den Verantwortlichen fast übermenschliche Kräfte. Fast 30000 Personen wurden innerhalb dieser kurzen Zeit aus dem Freiheitsentzug (Strafvollzug und Untersuchungshaft) entlassen. Ein Großteil derer, die nicht wieder in ihre Familien und Arbeitskollektive zurückkehrten, mußte – wie es das DDR-Gesetz vorschrieb – (dazu am Schluß noch mehr!) mit Wohnraum und Arbeitsplatz versorgt werden und zwar zu einer Zeit, als noch allzu viel Bürger auf eine Wohnung warteten. Es erscheint mir auch heute noch fast wie ein Wunder, daß es den verantwortlichen Mitarbeitern gelungen ist, diese gesetzliche Verpflichtung *in jedem Fall* zu erfüllen: Kein Entlassener blieb ohne Arbeit, kein Entlassener wurde obdachlos oder auch nur in Massenquartiern notdürftig untergebracht.

Das gleichwohl noch viel größere Problem, auf das hier vor allem einzugehen ist, betraf indessen die *Resozialisierung* der Strafentlassenen, auf daß sie nicht wieder straffällig würden.

Dieses Problem war in der DDR in Theorie und Praxis seit langem geläufig: Jedenfalls seit den sechziger Jahren war in der

DDR zuverlässig gewährleistet, daß jeder Strafentlassene einen Arbeitsplatz und Wohnraum erhielt, sofern er nicht in *seine* Wohnung und seine Familie zurückkehrte und nicht wieder in *seinem* Betrieb die Arbeit aufnahm. Das war eine international recht beachtenswerte und seltene Leistung! Aber Arbeit und Wohnung garantieren noch keine soziale Integration, keine wirkliche soziale Wiedereingliederung, und immer dann, wenn diese nicht erreicht wurde, lag die Gefahr erneuter Straffälligkeit nahe.

Wie stand es darum bei der Generalamnestie Ende 1987 und danach?

Ich muß darauf hinweisen, daß auch diese Amnestie, wie meist in der DDR, keine absolut unbedingte, sondern nur eine partiell bedingte war, das heißt, sie erging unter der Bedingung, daß sich der Strafentlassene während einer dreijährigen *Bewährungszeit* straffrei hielt.

In den Festlegungen zur Amnestie hieß es unter Ziff. 5: „Werden amnestierte Personen innerhalb von drei Jahren wegen *einer vorsätzlichen Straftat zu einer Freiheitsstrafe* verurteilt, ist die bisher nicht vollstreckte Strafe zusätzlich zu verwirklichen ..."

Unter den Amnestierten von 1987 war ein sehr großer Teil Rückfalltäter beziehungsweise wegen sogenannter krimineller Asozialität Verurteilter. Bei ihnen war die Gefahr des Rückfalls besonders groß. Tatsächlich lag der bis Ende 1990 feststellbar gewordene Anteil der erneut straffällig Gewordenen unter den per Amnestie Entlassenen nur bei etwa 15-20% – ein *großartiges Ergebnis,* und zwar in einer Zeit, in die bereits der Umbruch, das Ende der DDR fiel!

Diese 1987 bis 1990 gemachten Erfahrungen bestätigen in besonderen Weise Einsichten, aufgrund deren man in der DDR in Ansätzen bereits in den fünfziger Jahren damit beginnend, dann aber verstärkt seit den sechziger Jahren das Schwergewicht der Kriminalitätsbekämpfung auf die *Vorbeugung,* und zwar besonders auf die soziale Kriminalitätsvorbeugung, gelegt hatte, auf die Gestaltung „menschlicher Verhältnisse."

Das entsprach dem bekannten Gedanken von Marx und

Engels, die ihrerseits an die Aufklärung und die französischen Materialisten angeknüpft hatten. Sie hatten in ihrer „Heiligen Familie" gefordert, „nicht das Verbrechen am Einzelnen (zu) strafen, sondern die antisozialen Geburtsstätten des Verbrechens (zu) zerstören und jedem den sozialen Raum für seine wesentliche Lebensäußerung (zu) geben" (MEW Bd.2, S. 138) und Engels hatte in eben diesem Sinne in Elberfeld erklärt: „Wir legen die Axt an die Wurzel des Verbrechens" (a.a.O., S. 541).

Diesen Erkenntnissen entspricht durchaus die inzwischen auch international geläufige und nicht minder in der Bundesrepublik bekannte These: Eine gute Sozialpolitik ist die beste Krimialpolitik!

Ohne die verschiedenen Mängel und Probleme in der DDR zu übersehen, kann mit Fug und Recht gesagt werden: Es war die vor allem auf soziale Gerechtigkeit gerichtete gesellschaftliche Entwicklung in der DDR, die als „gute Sozialpolitik" sich zugleich als beste Kriminalpolitik bewährte.

In diesen Zusammenhang gehört auch der auf Kriminalitätsvorbeugung orientierte Grundgedanke, generell die (so doch erst im Gefolge des Kapitalismus produzierte) *Vereinzelung* der Individuen zu überwinden und sie in die Gemeinschaft, in die (verschiedenen) Kollektive zu *integrieren.* Tatsächlich erwies sich das als kriminalitätsvorbeugend und daher nach einem kriminellen Vorkommnis auch als rückfallverhütend. Jedenfalls gehört der Mitte der fünfziger Jahre entwickelte und später differenziert ausgebaute und in Gesetzesform gegossene Gedanke der sozialen Integration beziehungsweise Reintegration (Wiedereingliederung) straffällig Gewordener zu dem Besten auf dem Gebiete des Strafrechts und der Kriminalitätsbekämpfung, was die DDR im Massenumfang und als realen Alltag hervorgebracht hat. Darauf wird noch zurückzukommen sein.

Zunächst scheinen jedoch einige knappe Bemerkungen zum Strafrecht selber geboten:

Es dürfte auf der Hand liegen, daß auch das Strafrecht der DDR in den verschiedenen Perioden ihres Bestehens nicht gleich war; es war sogar beträchtlichen Veränderungen unterworfen. Deshalb muß bei einer Beurteilung des DDR-Strafrechts auch klargestellt werden, *welches* DDR-Strafrecht *jeweils* gemeint sein soll.

Unmittelbar nach der Befreiung vom Hitlerfaschismus bestimmten die *Alliierten*, die die oberste Gewalt in Deutschland ausübten, das Strafrecht. Danach galten im Grundsatz das bis dato geltende Strafrecht in Gestalt des Reichsstrafgesetzbuches (RStGB) von 1871 und verschiedene strafrechtliche Nebengesetze weiter; außer Kraft gesetzt waren alle *nazistischen* Gesetze; neu erlassen und in Kraft gesetzt wurden vom Alliierten Kontrollrat Gesetze zur Verfolgung und Bestrafung von NS-Verbrechern, so das Kontrollratsgesetz (KG) 10 sowie auch Strafgesetze zum Schutz der Bevölkerung vor Hungersnot und ähnlichen in der Nachkriegszeit drohenden Katastrophen (z.B. KG 50). Derartige Gesetze erließen auch die sowjetische Besatzungsmacht (so z.B. den Befehl Nr. 160 gegen Sabotage), die Länderparlamente in der SBZ und später auch die Deutsche Wirtschaftskommission (DKW), so die WStVO (Wirtschaftsstrafverordnung). Zu nennen sind weiter Ländergesetze zum Schwangerschaftsabbruch sowie (dann von der Volkskammer der DDR erlassene) Gesetze zum Schutz des Friedens, zum Schutz der Arbeitskraft von in der Landwirtschaft Beschäftigten, zum Schutz der Arbeitskraft generell. Zur Abwehr von Folgen der *separaten Währungsreform* waren Gesetze zum Schutz des innerdeutschen Handels (HSchG) und zur Regelung des innerdeutschen Zahlungsverkehrs unerläßlich.

Nach der Gründung der DDR aber ergab sich immer dringlicher ein genereller gesetzgeberischer Handlungsbedarf. Zur Ablösung des bis dahin noch in Kraft befindlichen nazistischen RJGG wurde im Mai 1952 ein weitgehend modernes JGG erlassen. Im gleichen Jahr lag der Regierung der DDR der Entwurf eines sozialistischen Strafgesetzbuches vor; sie hatte jedoch eine glückliche Hand, indem sie diesen stark an sowjetische Vorbilder angelehnten Entwurf eines äußerst rigiden Kodexes der Volkskammer *nicht* übergab. Jedoch wurde im Oktober dieses Jahres das schlimmste Strafgesetz erlassen, daß es je in der DDR gegeben hat, nämlich das VESchG (Volkseigentumsschutzgesetz). Es war eine – zwar milde – Kopie eines sowjetischen Erlasses von 1947, der einem solchen von 1932 folgte. Dieser sowjetischen und dann auch DDR-Gesetzgebung lag jene verhängnisvolle mechanistische Ansicht Stalins zugrunde, „dass ein Dieb, der Volksvermögen stiehlt und den Interessen der Volkswirtschaft Abbruch tut, nicht minder ein Spion und Verräter ist, wenn er nicht noch schändlicher ist", ihn müsse man „mit Haß umgeben". (Stalin, Werke Bd. 8, S. 120f.) Weil ein Dieb von Volkseigentum die *ökonomischen Grundlagen* des Sozialismus angreife, müsse er dem *konterrevolutionären Staatsverbrecher* gleichgestellt werden. Dieses bösartige VESchG war einer der schwerwiegenden Fehlgriffe Ende 1952, die im 17. Juni 1953 zu den bekannten Unruhen führten.

Diese gesamte Periode bis Mitte der fünfziger Jahre war – auch angesichts der hohen Kriminalitätsrate und der schwierigen Wirtschaftslage – auf dem Gebiete des Strafrechts noch sehr von *punitiver* Denkweise, also von dem Irrglauben in die Wirksamkeit von Strafrecht und Strafe geprägt.

Mitte der fünfziger Jahre, als sich die neuen gesellschaftlichen Verhältnisse bereits stabilisiert hatten und die Kriminalität erkennbar zurückgegangen war, wurde der „gesellschaftlichen Erziehung" der Straftäter, vornehmlich in den Arbeitskollektiven, mehr zugetraut: Davon zeugen die 1957 eingeführten neuen Strafarten des öffentlichen Tadels und der bedingten Verurteilung (also von *Strafen ohne Freiheitsentzug*) sowie die Schaffung von Konfliktkommissionen in den Betrieben.

Diese Entwicklung wurde durch mehrere Beschlüsse des (nach dem Tode des ersten Präsidenten der DDR, Wilhelm Pieck, gebildeten) *Staatsrates* der DDR in der ersten Hälfte der sechziger Jahre befördert. Ihren Höhepunkt fand diese positiv zu beurteilende Periode des DDR-Strafrechtes in der Vorbereitung und Verabschiedung eines *deutschen* sozialistischen Strafgesetzbuches (1968). An der Schaffung dieses Kodexes hatte die Wissenschaft, vor allem die Strafrechtswissenschaft der DDR, einen wesentlichen Anteil; darüber hinaus waren Experten und Praktiker aller Bereiche einbezogen; der Entwurf wurde breit in der Öffentlichkeit debattiert. Zahlreiche Hinweise wurden berücksichtigt; vor allem bekam das schließlich zum Gesetz erhobene Strafgesetzbuch einen fast parallel diskutierten, durch Volksentscheid angenommenen, der DDR-Verfassung gemäßen Grundsatzteil, der auch die 1966 von den Vereinten Nationen angenommenen Menschenrechtskonventionen berücksichtigte. Kein anderes deutsches Strafgesetzbuch ist je auf solch wahrhaft demokratische Weise zustande gekommen.

Dieser Kodex wird von mir aus gutem Grund als *deutsches* sozialistisches Strafgesetzbuch bezeichnet. In ihm dominiert die Handschrift deutscher (sozialistischer) Juristen. Namentlich wurden die bereits 1953 vorgenommenen notdürftigen Korrekturen des VESchG und seine gesetzgeberische Überwindung durch das Strafrechtsänderungsgesetz nunmehr in einer prinzipiell neuen Weise des Umgangs mit Wirtschaftsdelikten und Straftaten gegen das sozialistische Eigentum weitergeführt; auf strafrechtlichem Gebiet wurde der Unterschied zwischen den Eigentumsdeliken, d.h. den gegen das sozialistische Eigentum einerseits und gegen das persönliche beziehungsweise private Eigentum andererseits gerichteten Straftaten, weitgehend nivelliert. Denn auch der Dieb von Volkseigentum greift *nicht* die *ökonomischen Grundlagen* des Sozialismus schlechthin an, sondern verletzt, wie jeder Dieb, „lediglich" die *Äquivalenzbeziehungen,* d.h. er nimmt ohne Gegenleistung.

Besonders betont werden muß auch, daß die Strafrechtswissenschaft der DDR sich, anders als die sowjetische, nicht an Franz von Liszt mit seinem das Tatprinzip aushebelnden *täter*strafrechtlichen Konzept von den besserungsfähigen und den nicht besserungsfähigen Straftätern (z.B. den politischen Gegnern), sondern an der strafrechtlichen Aufklärung und an Paul Johann Anselm Feuerbach mit seinen klassischen Strafrechtsprinzipien des *Tat*strafrechtes und der Straf*gesetzlichkeit* orientierte: nulla poena sine lege (keine Strafe ohne Gesetz). Durchaus hierzu gehört auch die im DDR-Kodex enthaltene *Dekriminalisierung* aufgrund des materiellen Begriffs der Straftat, d.h.: geringfügige Delikte nicht als kriminelle Handlungen, sondern als Verfehlungen oder Ordnungswidrigkeiten zu verfolgen. Überhaupt zeugt dieser Kodex von viel Dekriminalisierung, besonders im Bereich des Wirtschafts- und des Sexualstrafrechts, der Delikte gegen die öffentliche Ordnung und bei einigen Straftaten gegen die Person.

Auf der gleichen, dem internationalen Trend entsprechenden Linie lag die ausgeprägte *Depönalisierung*, der Verzicht auf Strafen und ihre Ersetzung durch Maßnahmen der gesellschaftlichen Erziehung sowie der Ausbau der *Strafen ohne Freiheitsentzug*. Kurz und gut: Es gelang, einen modernen Strafkodex zu schaffen, der auch internationale Anerkennung erfuhr.

Ein Manko dieses StGB war, daß es noch keine vollständige Abschaffung des Delikts des Schwangerschaftsabbruches brachte. Das wurde erst 1972 erreicht. Weitere Mängel betreffen den Umgang mit der *Rückfallkriminalität* und die Pönalisierung der sogenannten *kriminellen Asozialität* (§ 249). Gleichwohl blieb die als weitgehend progressiv zu beurteilende Strafrechtsentwicklung in der DDR seit Mitte der fünfziger Jahre zunächst bis Mitte der siebziger Jahre noch voll wirksam.

Die drei Strafrechtsänderungsgesetze von 1974, 1977 und 1979, an denen die Wissenschaft nicht beteiligt worden war, brachten demgegenüber – ohne einige positive Momente, z.B. Umweltstrafrecht, zu übersehen – eine Verstärkung der strafrechtlichen Repression, auch gegenüber Rückfalltätern. Erst in den achtziger Jahren kamen wieder stärker realistische Elemente zur Geltung: Es wurde wiederum produktive Gesetzgebungsarbeit unter Beteiligung der Wissenschaft geleistet, die sich im 5. StÄG von 1988, also sehr spät, niederschlug. Diese Novelle entschärfte die Bestrafung von *Rückfalltätern* und griff die Tendenz der *Dekriminalisierung und Depönalisierung* wieder deutlich auf (z.B. Erweiterung des Bereichs der nicht zu den kriminellen Handlungen gehörenden Verfehlungen, Ausbau der Antragsdelikte, Schadenersatz statt Bestrafung usw.). In diesen Zeitabschnitt fallen auch neue Entwicklungen beim Umgang mit „Asozialen“ in Gestalt „besonderer Brigaden“ und des „geschützten Wohnens“ bei verstärkter Kooperation mit Medizinern und Psychologen.

Die bereits kurz angesprochene breite Einbeziehung gesellschaftlicher Kräfte in die Vorbeugung und Bekämpfung der

Kriminalität gehört zu dem Wertvollsten, was es auf diesem Gebiete in der DDR gab. Nach allen mir bekannten Fakten ist es nicht mit ähnlichem in anderen ehemals sozialistischen Ländern zu vergleichen. Das wäre ein selbständiges durchaus umfängliches Thema, schon deshalb, weil in dieser oder jener Weise viele Hunderttausende an diesem Anliegen beteiligt waren. Ein wesentlicher Grundgedanke dieses von zahlreichen Bürgern freiwillig und aufgeschlossen aufgegriffenen Anliegens war folgender: Kriminell wird ein Mensch, Mitglied unserer Gesellschaft, in der Regel nicht unvermittelt; dem gehen meist Probleme und Auffälligkeiten voraus. Wenn Kriminalität ein gesellschaftliches Phänomen ist und in dieser oder jener Weise aus gesellschaftlichen beziehungsweise sozialen Problemen und Konflikten erwächst, dann sind die entsprechenden Gegenkräfte nicht irgendwo, sondern in der Gesellschaft selbst zu suchen, zu finden und zu entwickeln. Die Mitverantwortung für den Menschen neben dir, die Sorge um ihn und die Hilfe für ihn sind dem Sozialismus gemäße Denk- und Verhaltensweisen solidarischen Handelns, Ausfluß von gesundem Kollektivismus (zu dem weder Gleichmacherei noch Unterdrückung von Individualität der einzelnen gehören), von selbstverständlicher Nachbarschaftshilfe.

Natürlich umschließen derart praktizierte Verhaltensgewohnheiten regelmäßig auch Elemente einer (normalen) gesellschaftlichen, nicht-staatlichen *Sozialkontrolle* – ganz so, wie in einer intakten Familie die selbstverständliche Information über den eigenen Tagesablauf eine „Kontrolle" darüber durch die Familie eröffnet, z.B. auch für den Fall eines Unglücks oder anderen Vorfalls.

Auch bei der gesellschaftlichen mitmenschlichen Sozialkontrolle fällt auf, wenn jemand nicht zur Arbeit beziehungsweise zur Schule geht oder kommt, wenn ein Mitglied der Nachbarfamilie seit einiger Zeit nicht mehr zu bemerken ist usw. Natürlich zeigte sich solches Verhalten nicht überall im Idealzustand; hier und da konnte kleinbürgerliche Neugier, kleinbürgerliche Kochtopfguckerei durchbrechen; anderswo konnte der eine oder andere (etwa der Vorsitzende einer Hausgemeinschaft oder eines anderen Kollektivs) „Feldwebelallüren" zeigen usw. Früher oder später ließ sich dergleichen immer korrigieren, wenn die anderen den Mund aufmachten, gegebenenfalls auch zuständige Vertrauensleute (Gewerkschaftler, Abgeordnete, den allen gut bekannten Abschnittsbevollmächtigten der Deutschen Volkspolizei oder ähnliche Personen) einschalteten.

All diese vielen, sehr vielen Kollektive, angefangen vom Arbeitskollektiv über die Hausgemeinschaften, Dorfgemeinschaften, Genossenschaften, Wohnbezirksausschüsse der Nationalen Front, Konflikt- und Schiedskommissionen, Schöffenkollektive, Kommissionen für Ordnung und Sicherheit und viele, viele andere hingen nicht in der Luft; sie waren in dieser oder jener Weise in das gesellschaftliche Gefüge eingebunden und standen im Kontakt mit den jeweiligen staatlichen Organen, angefangen von den (örtlichen) Volksvertretungen bis zu den örtlichen Räten (der Kommunen) und den örtlichen Polizeistellen, darunter vor allem deren Kontaktperson, dem jeweiligen im Wohngebiet ansässigen ABV.

Natürlich hat diese gesamtgesellschaftliche Organisiertheit in Verbindung mit einem strikten Meldesystem und kontrollierten Grenzen auch etwas damit zu tun, daß Straftaten in aller Regel (anders als heute) angezeigt und (anders als heute mit Unterstützung der Bevölkerung,) auch zu einem hohen Prozentsatz aufgeklärt werden konnten. (Die in der DDR gern gesehene Fernsehserie „Polizeiruf 110" illustriert das.) In der DDR war die Aufklärungsquote im ganzen weit höher als im Westen.

Diese Tatsache, daß die Aufdeckungs*wahrscheinlichkeit* der Straftaten in der DDR recht hoch war, hatte eine nicht zu unterschätzende präventive Wirkung bei der Kriminalitätsbekämpfung. Denn überall gilt der schon einleitend genannte Satz: Die Aufdeckung möglichst jeder Straftat ist das Allerwichtigste im Kampf gegen die Kriminalität. Denn der Täter (auch wer z.B. die Verkehrsregeln verletzt) handelt in der Regel in der Hoffnung, daß er nicht entdeckt werde. Ebenso gilt der ebenfalls bereits einleitend zitierte Satz, der von Beccaria stammt und in der DDR geläufig war, weil Lenin ihn aufgenommen hatte: Nicht die Höhe der Strafe ist entscheidend, sondern ihre Unvermeidlichkeit.

Auch nach einer Straffälligkeit – nach der Aufdeckung der Tat und der Entdeckung des Täters – wurde in der DDR dem Kollektiv viel zugetraut, ja mitunter zugemutet: Kollektive der Werktätigen (unter Umständen auch Einzelpersonen) konnten für einen Beschuldigten die (prozessuale) Bürgschaft übernehmen und ihn so möglicherweise vor der Untersuchungshaft bewahren oder eine Aufhebung des Haftbefehls ermöglichen. Ähnlich vermochte die Übernahme solcher Bürgschaft in geeigneten Fällen den Ausschlag für den Ausspruch einer Verurteilung auf Bewährung anstelle einer Freiheitsstrafe zu geben. In anderen Fällen, in denen eine Bürgschaft nicht erreichbar war, konnte die Verurteilung auf Bewährung mit der Verpflichtung des Verurteilten verbunden werden, während der Bewährungszeit nicht eigenmächtig den Arbeitsplatz zu wechseln (sogenannte Arbeitsplatzbindung). Entsprechendes galt auch bei der in der DDR sehr großzügig gehandhabten vorzeitigen *Strafaussetzung auf Bewährung*. Kaum ein zu Freiheitsstrafe Verurteilter hat seine Strafe voll verbüßt. Dabei soll nicht übersehen werden, daß all das natürlich nicht überall idealtypisch realisiert wurde. Natürlich gab es, wie überall, auch Fehlgriffe und mitunter dominierten administrative Züge.

In diesen Zusammenhang gehört auch (wie schon im Zusammenhang der Erfahrungen mit der Generalamnestie von 1987 geschildert) die gleichfalls grundsätzlich positiv zu beurteilende Regelung der *Widereingliederung Strafentlassener* – seit 1968 in Gesetzesform. Danach war jedem Strafentlassenen, der selbst nicht (mehr) darüber verfügte, Wohnung und Arbeitsplatz zu gewährleisten. Das war angesichts der lange Zeit noch außerordentlich großen Nachfrage nach Wohnungen, besonders für junge Familien, keine leicht zu erfüllende Verpflichtung. Im wesentlichen wurde diese gesetzliche Verpflichtung vornehmlich durch die örtlichen (kommunalen) Organe erfüllt.

Es muß abschließend noch in aller Kürze etwas zum DDR-*Strafprozeßrecht*, zum Strafverfahren in der DDR, gesagt werden. Denn im Unterschied zu anderen Rechtszweigen, die meist überwiegend außerhalb eines Gerichtsverfahrens zur Geltung kommen, wird das Strafrecht *nur in einem Strafverfahren* praktisch.

Im Unterschied zum früheren und zum bundesdeutschen Strafprozeß war dieser in der DDR, und zwar seit 1952, unkompliziert, überschaubar und bürgernah gestaltet:

In der DDR bestand ein dreistufiges Gerichtssystem mit Kreis- und Bezirksgerichten und einem Obersten Gericht. Die überwiegende Mehrzahl der Strafsachen wurde, soweit sie nicht (zu einem Viertel etwa) an die *gesellschaftlichen Gerichte* der Rechtspflege abgegeben oder die Verfahren eingestellt worden waren, vor dem Kreisgericht verhandelt.

Dies war grundsätzlich mit einem Berufsrichter und zwei Schöffen besetzt, nur ausnahmsweise war der Einzelrichter tätig. Die Schöffen hatten – anders als in der BRD – die gleichen Rechte wie die Berufsrichter (so z.B. Akteneinsicht und direktes Fragerecht). Die beiden Schöffen konnten den Berufsrichter überstimmen, was durchaus vorkam; außerdem wirkten die Schöffen an anderen Gerichtsentscheidungen mit. Das Strafverfahren vor den Gerichten der DDR war von überzogenen Förmlichkeiten befreit; es wurde in aller Regel bürgernah und für die Menschen im Gerichtssaal nachvollziehbar gestaltet.

Schwere oder bedeutende Verbrechen wurden erstinstanzlich vor einem Senat des Bezirksgerichts verhandelt, der regelmäßig in der gleichen Besetzung verhandelte wie das Kreisgericht.

Vor den ausschließlich mit drei Berufsrichtern besetzten Senaten des Obersten Gerichts waren anfangs besondere Prozesse in erster und letzter Instanz geführt worden. Später unterblieb das, und es wurde 1987 auch förmlich ein Rechtsmittel gegen erstinstanzliche Urteile des Obersten Gerichtes eingeführt.

Sehr bedeutsam war, daß in der DDR im Strafverfahren regelmäßig auch über Schadenersatzansprüche mit entschieden wurde (sogenanntes Adhäsionsverfahren). Das war nicht nur sehr prozeßökonomisch, sondern vor allem von Vorteil für die Geschädigten. So war das DDR-Strafverfahren auch *opferfreundlich.*

Aufgrund der geläufigen Erfahrungen mit dem traditionellen deutschen *Rechtsmittelsystem* wurde dies grundlegend vereinfacht: gegen sämtliche erstinstanzlichen Urteile der Kreis- und Bezirksgerichte war das Rechtsmittel der Berufung gegeben; die nur auf Rechtsfragen begrenzte juristisch sehr komplizierte Revision war damit abgeschafft worden.

Auch die Möglichkeit, rechtskräftige Fehlurteile im Wege des Wiederaufnahmeverfahrens zu korrigieren, war erweitert und außerdem bereits 1947 der Rechtsbehelf der *Kassation* eingeführt worden. Die Kassation war sowohl zugunsten als auch, zeitlich befristet, zuungunsten des Verurteilten beziehungsweise Freigesprochenen zulässig. Auch wenn das Kassationsantragsrecht nicht dem Verurteilten zustand, war es praktisch so, daß *Kassationsverfahren* ganz überwiegend aufgrund von Anregungen (Eingaben) *zugunsten* der Verurteilten durchgeführt wurden.

Nun noch in aller Kürze zu zwei einzelnen Fragen, zur Todesstrafe und zum Strafvollzug:

Unter den sozialistischen Ländern war die DDR das erste Land, in dem die Todesstrafe im Jahre 1987 gesetzlich abgeschafft wurde.

Bis dahin wurde, und zwar seit etwa Anfang der 70er Jahre, eine gerichtlich ausgesprochene Todesstrafe in aller Regel im Gnadenwege in eine lebenslange Freiheitsstrafe umgewandelt. So gehörte die DDR, wie das auch von internationalen Konferenzen im Rahmen der UNO geläufig war, seit längerer Zeit zu den Staaten, wo die Todesstrafe faktisch nicht mehr bestand.

Demgegenüber ist bemerkenswert, daß in der Bundesrepublik die Todesstrafe durch das Grundgesetz (im Jahre 1949) abgeschafft wurde. Es ist sehr ungewöhnlich, solche Regelung in einer Verfassung zu treffen.

Im Jahre 1949 die Todesstrafe absolut abzuschaffen, bedeutete damals, Naziverbrechern, Kriegs- und Menschlichkeitsverbrechern den Kopf zu retten.

Übrigens fand die Abschaffung der Todesstrafe in der Bundesrepublik keineswegs breite Zustimmung; immer wieder wurde von bestimmten Kreisen die Wiedereinführung der Todesstrafe gefordert.

Zum Strafvollzug in der DDR.

Zum Besten, was auf diesem Gebiet getan wurde, gehört, daß im Strafvollzug produktive Arbeit geleistet wurde, und zwar grundsätzlich unter Produktionsbedingungen, wie sie außerhalb des Strafvollzuges bestanden; das war zugleich eine Vorbereitung auf das Leben nach dem Strafvollzug.

In der DDR gehörte das „Herumsitzen" oder das „Tütenkleben" der Vergangenheit an.

Dadurch, daß der Strafgefangene produktiv tätig war, manchmal auf seinem Gebiet, manchmal wurde er neu angelernt, bedeutete dies, daß er auch im Strafvollzug als produktiver Mensch angesehen wurde.

In Schwerpunkten der Volkswirtschaft, z. B. im Bergbau, wurde diese produktive Tätigkeit dadurch besonders gewürdigt, daß zwei Jahre Arbeit als drei Jahre Strafzeit angerechnet wurden.

Wichtig ist auch, daß in der DDR Strafgefangene sozialversichert und rentenversichert waren; die Zeit im Strafvollzug galt für sie – anders als in der BRD – als Zeit für die Rente.

Jeder, der etwas von Strafrecht und Strafvollzug weiß, ist sich darüber im klaren, daß die Zeit nach der Entlassung aus dem Strafvollzug für den Entlassenen besonders wichtig ist. Vor allem geht es darum, ihm einen Arbeitsplatz und eine Unterkunft zu sichern.

Ungeachtet aller Probleme, die es in der DDR hinsichtlich der Wohnraumversorgung der Bürger gab, wurden diese beiden materiellen Bedingung für die Wiedereingliederung der Strafentlassenen gewährleistet. Für jeden Strafentlassenen war schon vor seiner Entlassung ein Arbeitsplatz gesichert, und ihm wurde auch Wohnraum vermittelt. Das war oft eine starke Belastung für die örtlichen Organe, die Räte der Kreise und die Gemeinden, weil oft viele Wohnungssuchende zu lange auf eine Wohnung warten mußten.

Entscheidend bleibt aber, daß auch ein Straftäter, auch ein Strafgefangener als Mensch und Mitglied der Gesellschaft, als Mitgestalter und Mitarbeiter in dieser, angesehen wurde.

Fehlurteile – Rechtsbeugung – gesetzliches Unrecht in oder gegenüber der DDR?

Die DDR im Visier bundesdeutschen Strafrechts

Nicht einmal ein Jahr nach der *Einigung* erteilte Klaus Kinkel, damals Bundesjustizminister, von dem man nach dem Namen dieses klassischen Ministeriums hätte erwarten müssen, daß er ‚justitia', also Gerechtigkeit, einfordere, auf dem 15. Deutschen Richtertag den Auftrag, „das SED-Regime zu delegitimieren".

Zur Erteilung eines solchen Auftrages bestand offenbar besondere Veranlassung. Denn der vorschnell in die Medien getragene Kampfbegriff von der DDR als „Unrechtsstaat" mußte ja nun im nachhinein durch entsprechende Gerichtsurteile bewiesen werden.

Am Rande: Der Begriff „Unrechtsstaat" ist weder ein wissenschaftlicher noch ein juristischer Begriff; er ist schlechthin ein politischer Kampfbegriff, der die gewollte Fortführung des „Kalten Krieges" gegen die DDR signalisiert.

Übrigens ist bemerkenswert, daß dieser Kampfbegriff vom *Unrechtsstaat*, dem Vernehmen nach, nur auf die DDR angewandt wird; bei den übrigen vormals dem „Ostblock" zugehörigen Ländern ist dieser Terminus – warum wohl? – nicht gängig.

Zur Erfüllung des vorgenannten Delegitimierungs-Auftrages, dessen Dringlichkeit angesichts der unüberhörbaren und zunehmenden „Ostalgie" vieler Ostdeutscher (zwei Drittel seien bis heute immer noch nicht in der Bundesrepublik „angekommen") im Sinne der Auftraggeber eher zu-, denn abnimmt, sollte sich in besonderem Maße die *Strafverfolgung von Hoheitsträgern der DDR* eignen.

Statistik zur Anti-DDR-Strafjustiz

von Oberstaatsanwalt *Bernhard Procher*, Leiter der Abteilung 1 in der Staatsanwaltschaft II zur Bekämpfung von Regierungs- und Vereinigungskriminalität in der Gesprächsreihe „Zwiegespräch" in der Erlöserkirche vorgelegt.

(Stand vom 1.4.1998 betr. das Land Berlin, welches ca. 50% aller Fälle bearbeitet):

22000 Verfahren eingeleitet;
21000 Verfahren erledigt, davon:
20500 eingestellt
471 Anklagen erhoben

(Angaben zu Urteilen noch nicht möglich, da zumeist wegen Rechtsmitteleinlegung noch nicht rechtskräftig)

Von 13 000 Verfahren wegen *Rechtsbeugung* führten nur 65 zu Anklagen.

150 Anklagen beziehen sich auf *Vermögensdelikte* nach dem Anschluß.

Weitere Anklagen schlüsseln sich wie folgt auf:
101 zum *Grenzregime* (190 Einzelpersonen; 20 Gruppen)
47 *Wirtschaftsdelikte*
34 *MfS-Straftaten*
44 *Vermögensstraftaten bei Ausreisen*
(10 Klagen von Ausreisewilligen)
6 *Doping-Delikte.*

Oberstaatsanwalt Procher bestätigte, daß nach diesem Ermittlungstand eine Verteufelung des MfS rechtlich nicht haltbar ist.

Insgesamt sind 44 MfS-Mitarbeiter angeklagt, und zwar wegen Vermögensstraftaten, Entführungsfällen der 50er Jahre, Auftragsmorden (Minimal in 50er und 60er Jahren), Rechtsbeugung (als Untersuchungsorgane), Unterstützung der RAF, Abhören (nicht justitiabel). Die Summe der Exzesse sei nicht auffallend und durchaus mit BRD-Behörden vergleichbar.

(Die Angaben sind entnommen aus einer Protokollnotiz von Wolfgang Schmitz. Manuskript vom 27.5.1998)

Mehr als 73000 Ermittlungsverfahren wurden gegen DDR-Hoheitsträger durch eigens zu diesem Zweck eingerichtete besondere Polizeibehörden, so in Berlin die ZERV, und Staatsanwaltschaften in den vergangenen 8 Jahren eingeleitet.

Dabei ist nicht zu übersehen, daß nur ein ganz geringer Teil dieser vielen Ermittlungsverfahren auch zur Erhebung einer Anklage oder dann gar auch zu einer Verurteilung führt.

Allein in Berlin – wo die Masse der Strafverfahren gegen DDR-Hoheitsträger durchgeführt wird – waren per 31. Dezember 1997 von 21972 eingeleiteten Ermittlungsverfahren 20034 eingestellt worden. In nur 440 Fällen, also bezogen auf 21972 Fälle in nur 2% der Ermittlungsverfahren, wurde Anklage erhoben. Per 30.6.1997 waren 187 Urteile gesprochen, davon 20 „wegen Justizunrechts" (wobei in dieser Zusammenstellung nicht ersichtlich ist, welche dieser Verurteilungen auch bereits rechtkräftig sind), und in 66 Fällen wurden die Angeklagten freigesprochen.

Auch wenn die Gerichte – aus verschiedensten Gründen – mit der Verfolgung von DDR-Hoheitsträgern zurückhaltender sind als die politische Polizei und die Staatsanwaltschaft, so daß im Endergebnis nur weniger als ein Prozent der Verfolgten verurteilt wird, darf man die von solcher massenhaften Strafverfolgung ausgehende repressive Wirkung auf (einschließlich der Angehörigen) mehrere Zehntausende von DDR-Bürgern nicht unterschätzen.

Da nicht sicher ist, ob es heute noch bekannt ist, darf an folgendes erinnert werden:

In den fünfziger Jahren wurden Ermittlungsverfahren gegen 200000 Bundesbürger aus politischen Gründen wegen ihrer Zugehörigkeit oder Nähe zur KPD oder sonst wegen ihrer oppositionellen Haltung zu der auf Spaltung Deutschlands und Remilitarisierung Westdeutschlands gerichteten Politik der Bundesregierung durchgeführt. Die Betroffenen wurden dadurch nicht nur psychisch und finanziell arg belastet, sondern vor allem auch in ihrer politischen Aktivität, also in ihren Freiheitsrechten, massiv eingeschränkt.

Trotz späterer Einsicht in die Unhaltbarkeit dieser politischen Strafjustiz und trotz offizieller Korrektur durch das 8. Strafrechtsänderungsgesetz vom 25.6.1968 wurden die

Opfer dieser Strafjustiz bis heute weder rehabilitiert noch sonst entschädigt.

Milde gegen Braun, streng gegen Rot

Die intensive strafrechtliche Verfolgung von Hoheitsträgern der DDR durch die bundesdeutsche Justiz sticht angesichts ihrer unübersehbaren *Untätigkeit bei der Verfolgung der NS-Verbrechen* ganz besonders ins Auge.

Diese Tatsache wurde lange Zeit eher unterdrückt, denn eingeräumt. Deshalb fiel es schon auf, daß der Bundesgerichtshof in einem Rechtsbeugungsverfahren gegen einen Richter des Obersten Gerichtes der DDR in seinem Urteil vom 16.11.1995 aussprach:

„Die nationalsozialistische Gewaltherrschaft hatte eine ‚Perversion der Rechtsordnung' bewirkt, wie sie schlimmer kaum vorstellbar war ... und die damalige Rechtsprechung ist angesichts exzessiver Verhängung von Todesstrafen nicht zu Unrecht oft als ‚Blutjustiz' bezeichnet worden."

Selbstkritisch schließt dieser Strafsenat dann weiter an:

„... keiner der am Volksgerichtshof tätigen Berufsrichter und Staatsanwälte wurde wegen Rechtsbeugung verurteilt; ebensowenig Richter der Sondergerichte und der Kriegsgerichte. Einen wesentlichen Anteil an dieser Entwicklung hatte nicht zuletzt die Rechtsprechung des BGH" (Bundesgerichtshofes).

Dieses „folgenschwere Versagen bundesdeutscher Strafjustiz" habe auch mit dazu beigetragen, daß „Richter der NS-Justiz, die Todesurteile gefällt hatten, ... teilweise sogar weiter in der Justiz tätig (waren), zuweilen konnten sie auch in Staatsämtern Karriere machen."

Es kann nicht übersehen werden, daß solche Selbstkritik *zu spät* kommt, da inzwischen diejenigen Richter des Bundesgerichtshofes, die an dieser Entwicklung Anteil hatten, längst nicht mehr im Amte sind und auch verfolgbare NS-Richter wohl nicht mehr zur Verfügung stehen.

Allerdings handelte es sich bei der Nichtverfolgung von NS-Richtern *nicht um Versäumnisse* oder nur (juristische) *Schwie-*

rigkeiten, wie der BGH meint, sondern einfach darum, daß die betreffenden NS-Richter von ihrer Ausbildung und grundsätzlichen Haltung her von „gleichem Schrot und Korn" waren wie die nach 1945 im Westen Deutschlands maßgeblichen Richter, besonders der Obergerichte.

Im Unterschied zu den Richtern in der DDR, die sich aus ausgewiesenen Antifaschisten, von den Nazis Verfolgten und ins Exil Getriebenen und dann aus den Volksrichterlehrgängen Hervorgegangenen rekrutierten, hatten sämtliche Richter der Obergerichte, auch der Strafsenate des BGH, bereits selbst unter dem NS-Regime ihre juristische Karriere gemacht.

Wie sollten solche Richter mit der genügenden Entschiedenheit und Strenge gegen ihre NS-Kollegen vorgehen können?

Perfide wird die Bezugnahme auf die Versäumnisse bei der Verfolgung der NS-Verbrechen dann, wenn daraus abgeleitet wird, diese Scharte nun gegenüber der DDR auswetzen zu müssen.

Weil verabsäumt wurde, den Straftäter A wegen seiner Tat gehörig zu bestrafen, soll nun der Straftäter B strenger herangenommen werden. Das ist in der Tat eine höchst eigenartige Vorstellung von Gerechtigkeit!

Diese Perfidie läßt erkennen, daß das *eigentliche Motiv* der massenhaften Strafverfolgung von Hoheitsträgern der DDR, darunter auch von Richtern und Staatsanwälten, ein ganz anderes ist.

Geahndet werden soll, daß in der DDR eine Alternative zur Bundesrepublik versucht wurde!

Anderes Recht = falsches Recht? – Andere Rechtsprechung = Rechtsbeugung?

Nach den Verfahren gegen Angehörige der *Grenztruppen* der DDR stellen diejenigen gegen *Richter und Staatsanwälte* das größte Kontingent. Denn von deren Tätigkeit gibt es, vornehmlich bei der Gauckbehörde, *Akten.* (Demgegenüber fallen andere „Unrechtstaten" weniger ins Gewicht, auch fehlt es bei ihnen vielfach an entsprechenden „Beweismitteln".)

Da man meint, daß der „Unrechtsstaat" DDR sich in besonderer Weise an „DDR-Justizunrecht", also vor allem an *Rechtsbeugung*, festmachen lasse, soll hier zunächst untersucht werden, was es damit auf sich hat.

Um die Frage nach „Justizunrecht" zu erläutern, müssen unvermeidlich einige grundsätzliche juristische Fragen aufgenommen werden:

Was ist *Unrecht*?

Es soll offensichtlich das Gegenteil von *Recht* sein.

Was aber ist *Recht*?

Daß die Rechtswissenschaft seit Jahrhunderten darüber streitet, ist nicht ungewöhnlich, weil in jeder Wissenschaft die fundamentalen Gegenstände am strittigsten sind. Hier aber geht es im Unterschied zu bloßen Rechtsvorstellungen beziehungsweise Rechtsforderungen um „tatsächliches", geltendes Recht. Wenn es um reales *Un*recht gehen soll, kann dies nur an realem Recht gemessen werden.

Abgesehen vom internationalen Recht, insbesondere vom Völkerrecht und anderem multinationalem Recht, so auch von dem Europäischen Recht, existiert Recht stets als nationales (innerstaatliches) Recht. Es wird vom Gesetzgeber des betreffenden Landes, der Legislative, der „ersten Gewalt", als gesetztes und geschriebenes Recht erlassen und von den Justiz- und anderen Behörden des Landes, also der „zweiten" und „dritten" Gewalt (der rechtsprechenden, der „Jurisdiktion", und der vollziehenden, der „Exekutive") angewandt; teilweise spielt in der Rechtsanwendung noch das Gewohnheitsrecht eine Rolle.

Daraus folgt:

Unrecht kann zum einen als *vom Staat* (beziehungsweise dem Gesetzgeber) gesetztes, als *gesetzliches Unrecht* vorkommen; Unrecht kann zum anderen auch dadurch entstehen, daß das gesetzte Recht, die Gesetze, unrichtig, *falsch angewandt* wird.

Das Problem *gesetzlichen Unrechtes* wird weiter unten aufgenommen, hier geht es zunächst um – wirklich oder vermeintlich – falsche Rechtsprechung, also um Unrecht durch falsche Anwendung von gesetzlichem *Recht*, und das insbesondere im

Blick auf die gegen gesetzestreue DDR-Rechtsorgane erhobenen Vorwürfe von Rechtsbeugung.

Im Unterschied zum gesetzlichen Unrecht ist solches *Rechtsanwendungsunrecht* juristisch relativ sicher und einfach festzumachen.

Bei der Frage nach gesetzlichem Unrecht müßte, da die Staaten von Völkerrechts wegen grundsätzlich *frei* sind, kraft ihrer Staatensouveränität ihre Gesetze zu machen, nach einem supranationalen Rechtsmaßstab gesucht werden, an dem die nationale Gesetzgebung der Staaten zu messen wäre.

Während *Gustav Radbruch* – nach 1945 in seinem Aufsatz „Gesetzliches Unrecht und übergesetzliches Recht" in der Süddeutschen Juristen-Zeitung – noch übergesetzlich beziehungsweise überpositiv argumentieren mußte, haben wir heute in Gestalt mehrerer multilateraler völkerrechtlicher Verträge, so besonders auch in den beiden Menschenrechtskonventionen von 1966, einen faßbaren Maßstab.

Doch dazu später! Zuerst soll es genügen, darauf hinzuweisen, daß die *DDR* als Vollmitglied der Vereinten Nationen von *keinem dazu befugten internationalen Gremium jemals als Verletzer von Menschenrechten abqualifiziert beziehungsweise als Unrechtsstaat gebrandmarkt worden ist.*

Wir wenden uns also erst einmal der Frage nach etwaigem *Rechtsanwendungsunrecht* in der DDR zu, also der Frage, inwieweit DDR-Richter und Staatsanwälte bei der Rechtsanwendung Unrecht produziert haben.

Vorab besteht besondere Veranlassung, darauf hinzuweisen, daß auch in der DDR den Richtern und Staatsanwälten nicht das Gesetz als solches, also die gute oder schlechte Leistung des Gesetzgebers, in der DDR der Volkskammer, vorgeworfen werden kann.

Hinzu kommt, daß in der DDR (anders als in der Bundesrepublik) die Richter (und auch die Staatsanwälte) *ausschließlich nur an die Verfassung und das (geschriebene) Gesetz, die lex scripta,* gebunden waren und nicht etwa auch an ungeschriebenes übergesetzliches Recht und auch nicht an noch nicht ins DDR-Recht transformiertes Völkerrecht; so war es in Art. 127

der DDR-Verfassung von 1949 und später in Art. 96 der DDR-Verfassung von 1968 verfassungsrechtlich bestimmt. Unter dem Gesichtspunkt der Rechtssicherheit war diese strikte Bindung an die lex scripta zweifellos positiv zu beurteilen, hatte aber die Konsequenz, daß kein Richter – aus welchen Gründen immer – bei seinem Urteil das Gesetz selbst in Frage stellen konnte.

Infolge dieser strikten Bindung an das geschriebene Gesetz gab es – um es an einem bestimmten Beispiel zu illustrieren – für einen DDR-Richter und -Staatsanwalt keine Alternative, wenn jemand *ungesetzlich*, ohne die erforderliche Genehmigung, die „grüne Grenze", die Staatsgrenze der DDR passierte oder zu passieren versuchte: Dies war in der Rechtsordnung der DDR unerbittlich eine Straftat nach § 213 StGB / DDR.

(Am Rande: Auch eine Berufung auf Art. 12 des *Internationalen Paktes der Bürger- und politischen Rechte* (IPPbR) half nicht, weil – abgesehen davon, daß ein solcher Pakt nur die Staaten als Völkerrechtssubjekte bindet und den einzelnen Bürgern betreffender Staaten nicht automatisch ein solches Recht verleiht – die Staatengemeinschaft und die Vertragspartner niemals ein ungesetzliches Handeln, also auch keinen ungesetzlichen Grenzübertritt anerkennen oder anerkannt hatten.)

Gab es nun in der DDR Unrecht infolge falscher Rechtsanwendung?

Selbstverständlich, so wie in jedem *Lande* in jeder *Rechtsordnung.*

Dem Juristen ist die *Diskrepanz zwischen Verfassung und Verfassungswirklichkeit* (die wir auch unter dem bundesdeutschen Grundgesetz tagtäglich erleben), *zwischen Recht und Rechtswirklichkeit* geläufig.

Das ist nichts Besonderes, und nicht dadurch unterschied sich die DDR von anderen Staaten.

Das ganze – in der Bundesrepublik viel weiter als in der DDR gefächerte – System von *Rechtsmitteln* (Beschwerden, Berufungen, Revisionen usw. bis zu Verfassungsbeschwerden und ggf. sogar bis zum Anrufen Europäischer Gerichtshöfe) setzt ja gerade voraus, daß tagtäglich in nennenswertem Umfang bei der Rechtsanwendung Fehler, gerade auch Rechtsfehler, vorkommen, also größeres oder kleineres (Rechtsanwendungs-)Unrecht passiert. Denn worum sonst sollte es sich handeln, wenn eine höhere Instanz die Entscheidung einer unteren aufhebt beziehungsweise korrigiert?

Der entwickelte Rechts-Wege-Staat der Bundesrepublik, insbesondere seine Verwaltungs,- Finanz- und Sozialgerichte, die Obergerichte in Zivil- und Strafsachen leben ja gerade davon, daß sie die Entscheidungen der Exekutive beziehungsweise der unteren Gerichte überprüfen und gegebenen Falles (zugunsten oder zuungunsten) korrigieren.

Indessen macht nicht jeder Rechtsfehler, nicht jede falsche Anwendung des bestehenden und geltenden Rechtes eine *Rechtsbeugung* aus. (Wäre es so, dann wäre die Rechtsbeugung wohl das häufigste Delikt.)

Demgegenüber spielt das Delikt der Rechtsbeugung in der Strafverfolgungspraxis aller Rechtsordnungen faktisch *keine* Rolle; es kommt praktisch so gut wie nicht vor (wohingegen es sich um so mehr zum Gegenstand wissenschaftlichen Disputs eignet).

Es ist also – was einem juristischen Laien zu erkennen vielleicht schwer fällt – *streng zu unterscheiden* zwischen *falscher* Rechts*anwendung* und Rechts*beugung*.

Rechtsbeugung liegt nämlich (nach DDR-Recht gemäß § 244 StGB/DDR) *nur dann* vor, wenn der betreffende Richter oder Staatsanwalt bei der Durchführung eines gerichtlichen Verfahrens oder eines Ermittlungsverfahrens zugunsten oder zuungunsten eines Beteiligten *wissentlich gesetzwidrig* entschied.

Hat es solches in der DDR gegeben?

Rechtsbeugung wider Rechtsbeugung

In meiner praktischen Tätigkeit als Strafverteidiger in der Bundesrepublik ist mir *kein* Fall von Rechtsbeugung durch einen DDR-Richter oder -Staatsanwalt begegnet. Aber nach meiner Kenntnis und Übersicht wurden viele DDR-Richter und

-Staatsanwälte *zu Unrecht* wegen Rechtsbeugung verurteilt. Sie wurden *Opfer von bundesdeutschem Rechtsanwendungsunrecht.*

Auf *vermeintliche* Rechtsbeugung wurde mit *tatsächlicher* Rechtsbeugung reagiert!

Bei der Untersuchung dieser Frage sind wiederum zunächst einige juristische Fragen zu klären.

Rechtsbeugung ist ihrem Wesen nach ein nationales Delikt: Rechtsbeugung kann immer nur in Bezug auf die gegebene Rechtsordnung eines gegebenen Staates begangen werden, und es kann nur dieser Staat *seine* Richter und Staatsanwälte wegen Rechtsbeugung verfolgen und bestrafen, weil sie gegen *sein* Recht, das Recht *seiner* Rechtsordnung verstießen.

Es wäre beispielsweise absolut unvorstellbar, daß ein *britischer Richter,* ein Richter Ihrer Majestät, wegen einer (angeblich oder wirklich) im Vereinigten Königreich begangenen Rechtsbeugung vor ein *französisches* Gericht gestellt würde!

Eine (angeblich oder wirklich) in der DDR von einem Richter oder Staatsanwalt begangene Rechtsbeugung kann demgemäß grundsätzlich nur von einem DDR-Gericht be- und – gegebenen Falles – verurteilt werden. (Solche Fälle waren auch in der DDR außerordentlich selten.)

Infolge des Anschlusses der DDR an die Bundesrepublik besteht jedoch seit dem 3. 10. 1990 keine DDR-Justiz mehr.

Soll daher nunmehr eine eventuell doch in der DDR vorgekommene Rechtsbeugung allein deswegen nicht mehr verfolgt und bestraft werden dürfen? Soll solches Unrecht straflos bleiben?

Keineswegs.

Der „Einigungsvertrag", wie man ihn sonst auch immer beurteilen mag, hat jedenfalls insoweit eine juristisch vertretbare Regelung getroffen, als (gemäß Art. 315 EGStGB) noch in der DDR begangene Straftaten nunmehr von der bundesdeutschen Justiz verfolgt und auch bestraft werden dürfen, wenn diese Taten nach DDR-Recht strafbar waren und auch nach bundesdeutschem Recht strafbar sind.

In solchen Fällen tritt die Bundesrepublik insoweit in Rechtspositionen der DDR ein und übernimmt (vertragsgemäß) *anstelle* der nicht mehr bestehenden DDR-Justiz die Strafverfolgung sogenannter DDR-Altlasten.

Dieser Grundsatz gilt selbstverständlich auch für das Delikt der Rechtsbeugung, obzwar es (rechtspolitisch) nicht unproblematisch ist, sich vorzustellen, daß infolgedessen mit dieser Strafverfolgung von DDR-Richtern und -Staatsanwälten jetzt bundesdeutsche Justizbehörden (im nachhinein) die Rechtsordnung der (nicht mehr bestehenden) DDR schützen und verteidigen sollen.

Jedenfalls erlangten die bundesdeutschen Justizbehörden durch den mit der DDR abgeschlossenen Einigungsvertrag die rechtliche *Befugnis* zur Verfolgung von DDR-Altlasten, darunter auch etwaiger Fälle von Rechtsbeugung.

Diese Befugnis erlangten sie jedoch nur unter der Bedingung und Voraussetzung, daß sie bei dieser Strafverfolgung das ihnen fremde DDR-Recht so anwenden, wie es nun einmal war. Es handelt sich hierbei um einen (im Strafrecht außerordentlich seltenen) Fall legitimer *Fremdrechtsanwendung.*

Solches ist – nachvollziehbar – aus mehreren Gründen sehr sehr schwierig, weshalb nicht selten aus der ursprünglich legitimen Fremdrechtsanwendung eine *rechtswidrige illegitime Fremdrechtsanwendung* wurde.

Zum einen haben die jetzt mit dem DDR-Recht befaßten bundesdeutschen Richter und Staatsanwälte das DDR-Recht *nicht studiert*; es ist ihnen – im großen und ganzen – unbekannt und – von seinem Wesen her – *fremd.*

Da es – versehentlich oder absichtsvoll – unterlassen wurde, die betreffenden bundesdeutschen Richter und Staatsanwälte sachkundig durch Kenner des DDR-Rechts zu unterweisen, gerieten diese in die Lage, sich individuell-zufällig autodidaktisch mit einzelnen Vorschriften des DDR-Rechts bekanntzumachen, ohne sich dieses andere *Rechtssystem als Ganzes* angeeignet zu haben.

Fast zwangsläufig kam es (und kommt es auch heute noch) zu verschiedenen Rechtsfehlern:

Zum Beispiel geht man in dem vorgenannten § 244 StGB/DDR statt von dem gesetzlichen Merkmal „*Gesetz*widrigkeit“ von „*Rechts*widrigkeit“ aus. Auf diese Weise wird der für das DDR-Recht wesentliche und spezifische Boden strikt an die lex scripta – das geschriebene Gesetz – gebundener Rechtsprechung verlassen und der Rechtsbeugungstatbestand (gegenüber DDR-Richtern und Staatsanwälten) unzulässig ausgeweitet. Denn tendenziell kann bei solcher Ausweitung an die Stelle der Bindung an objektive Rechts*vorschriften* des Gesetzgebers freies Ermessen je nach subjektivem (beziehungsweise konkret: in der BRD konventionellem) Rechts*empfinden* von Richtern treten.

DDR-spezifische Rechtsbegriffe wie „Strafe mit Freiheitsentzug“ und „Freiheitsstrafe“ werden nicht unterschieden beziehungsweise verwechselt (zu den „Strafen mit Freiheitsentzug“ gehörten in der DDR außer der „eigentlichen“ „Freiheitsstrafe“ auch die Haftstrafe beziehungsweise Jugendhaft und Strafarrest).

Es wird stets die spezifische Stellung und Rolle des Staatsanwalts verkannt und infolgedessen in betreffenden Rechtsbeugungsverfahren einem Staatsanwalt (so bei der Erhebung der Anklage) *täterschaftliches* Handeln vorgeworfen, wo dieser – wenn überhaupt – nur einer Beihilfe zur Rechtsbeugung anderer schuldig sein könnte.

Daß die Verfassung der DDR und das DDR-Gerichtsverfassungsgesetz den DDR-Richtern und -Staatsanwälten rechtsverbindlich auf- und vorgaben, die sozialistische Staats-, Gesellschafts- und Rechtsordnung der DDR zu schützen und zu verteidigen – und nicht etwa eine solche, wie sie sich bundesdeutsche Richter und Staatsanwälte in der DDR gewünscht hätten –, bleibt vielfach ausgeblendet.

Vor allem aber werden dem DDR-Recht von den bundesdeutschen Justizbehörden – zumindest unbewußt und unterschwellig – fremde *bundesdeutsche Rechts- und Wertvorstellungen* untergeschoben beziehungsweise übergestülpt.

Zu Unrechtsurteilen gegen DDR-Richter und -Staatsanwälte kommt es insbesondere auf dem Gebiet, das von den Juristen als *Rechtsfolgen-Rechtsbeugung* bezeichnet wird.

In diesen Fällen wäre eine Rechtsbeugung nicht darin zu

sehen, daß ein (juristischer) Straftatbestand falsch angewandt wurde, sondern darin, daß eine unrechtmäßige Strafe verhängt wurde.

Nun gilt nach dem (in den Fällen, um die es hier geht, ausschließlich anzuwendenden) DDR-Recht auch für eine Rechtsbeugung im Bereich der Strafzumessung, daß die Entscheidung über das Strafmaß *gesetz*widrig sein muß, das heißt, daß entweder der *gesetzliche* Strafrahmen *überschritten* oder e*ine gesetzlich nicht zulässige* Strafart ausgesprochen oder sonst *gesetzliche* Bestimmung über die Strafzumessung verletzt worden sein müßten.

(In den mir bekannt gewordenen Fällen vermochten die bundesdeutschen Gerichte solche *Gesetzwidrigkeit* bei der Strafzumessung nicht festzustellen, verurteilten aber dennoch DDR-Richter und -Staatsanwälte wegen Rechtsbeugung, fällten also Unrechtsurteile.)

In der bundesdeutschen Justiz hat sich – „angeleitet" durch entsprechende „Leitungsentscheidungen" beziehungsweise Grundsatzurteile des Bundesgerichtshofes – eine offen gesetzwidrige Verurteilungspraxis herausgebildet:

Zunächst wird das gesetzliche Merkmal „*gesetz*widrig" mit zum Teil abenteuerlichen Begründungen beiseite geschoben und durch „*rechts*widrig" ersetzt; auch der DDR-Richter sei nicht von allgemeinen Rechtsgrundsätzen, etwa dem der Verhältnismäßigkeit, freigestellt, obzwar in der DDR nur solche Rechtsgrundsätze verbindlich waren, die in einem geschriebenen Gesetz fixiert waren.

Dann wird unter Entstellung der Aussage des Art. 7 der Internationalen Konvention über politische und Bürgerrechte behauptet, nach dieser Bestimmung seien unangemessene Strafen verboten; sie seien menschenrechtswidrig, obzwar nach DDR-Recht *nur* ins DDR-Recht transformierte und *in Gesetzen fixierte* Regeln für die DDR-Richter und -Staatsanwälte verbindlich waren.

Und dann werden bundesdeutsche Bewertungsmaßstäbe bei der Beurteilung der Schwere von Straftaten beziehungsweise von Strafmaßen herangezogen; die betreffenden bundesdeutschen Staatsanwälte und Richter meinen heute beurteilen zu dürfen, wie gefährlich und ernst damals in der DDR bestimmte Handlungsweisen waren!

Was in der DDR und für die DDR damals generell, auch gedeckt durch obergerichtliche Rechtsprechung, für schwerwiegend angesehen wurde, ist in bundesdeutscher Sicht, das heißt aus Sicht des damaligen Gegners im „Kalten Krieg", oft nur eine Bagatelle und hätte nicht mit Freiheitsentzug beantwortet werden dürfen.

(Dabei soll schon außer Betracht bleiben, in welchem Maße die Bundesrepublik selbst zu vielen gegen DDR-Gesetze gerichteten Handlungen beigetragen hat, deren Bestrafung durch DDR-Gerichte sie heute unter dem Aspekt der *Rechtsbeugung* überprüfen und ahnden möchte. In solchen Fällen ist die – gegnerische! – Fremdbewertung wahrlich nicht zu übersehen.)

Zunehmend erweist sich auch der Umgang bundesdeutscher Staatsanwälte und Richter mit dem gesetzlichen Merkmal „*Wissentlichkeit*" als ein Beispiel bundesdeutschen *Justizunrechts* gegenüber DDR-Richtern und DDR-Staatsanwälten.

Wissentlichkeit bedeutet in § 244 StGB/DDR, daß der betreffende DDR-Richter oder Staatsanwalt sich bei seiner Entscheidung dessen bewußt war, daß er gegen ein bestimmtes Gesetz *seines* Staates entschied, daß er gegen dessen Recht verstieß.

Wissentlichkeit (einer Gesetzesverletzung) ist eine *innere Tatsache*, die entweder (nachgewiesenermaßen) vorliegt oder nicht vorliegt beziehungsweise nicht beweisbar ist. *Wissentlichkeit* betrifft somit *keine Bewertung* und kann daher auch nicht Folge beziehungsweise Folgerung einer Bewertung sein.

Nun ergab die bundesdeutsche justitielle Erfahrung in den gegen DDR-Richter und DDR-Staatsanwälte geführten Rechtsbeugungsverfahren, daß bei ihnen in den betreffenden Fällen ein *positives Wissen* von der Gesetzeswidrigkeit ihrer Entscheidungen *nicht* vorlag beziehungsweise nicht mehr erweislich war, sie vielmehr subjektiv guten Glaubens waren, daß ihre Entscheidungen dem Gesetz entsprächen, jedenfalls nicht gesetzwidrig seien.

Danach hätte es (wohl durchgängig) zu Freisprüchen kommen müssen.

Da jedoch ein solches Ergebnis nicht dem einleitend genannten politischen Deligitimierungsauftrag entsprochen hätte, ging die bundesdeutsche Justiz, voran der BGH, dazu über, die *Tatsache der Wissentlichkeit* zu *unterstellen* beziehungsweise *durch Bewertung zu konstruieren.*

So heißt es in dem bereits erwähnten BGH-Urteil vom 16.11.1995, es sei hinreichend belegt, „daß der Angeklagte ... auch das Bewußtsein hatte, daß die verhängten ... Strafen in einem krassen *Mißverhältnis* zur Schuld des Verurteilten standen und *deshalb* gesetzwidrig waren."

In dieser Aussage tritt der vom 5. Strafsenat zu vertretende Rechtsbruch, die Mißachtung des Gesetzes, eben des § 244 StGB/DDR überdeutlich zutage:

Erstens wird die innere Tatsache der Wissentlichkeit nicht nachgewiesen, sondern statt dessen von einer *Wertung*, einem angeblichen Mißverhältnis von Schuld und Strafe gesprochen, also die heutige bundesdeutsche *Bewertung* der damaligen, vierzig Jahre zurückliegenden, *Bewertung* durch ein DDR-Gericht entgegengestellt.

Zum anderen wird dann aus diesem *Wertungswiderspruch* – ohne Heranziehung oder auch nur Bezeichnung des angeblich verletzten Gesetzes – eine Gesetzwidrigkeit deduziert: „deshalb (!) gesetzwidrig".

Auch der BGH vermochte nicht anzugeben, gegen welches Gesetz der angeklagte DDR-Richter verstoßen haben soll, denn ein solches Gesetz gab es (zur Tatzeit) nicht, und folglich konnte insoweit schon *objektiv keine gesetzwidrige Entscheidung* getroffen worden sein, mithin ist eine *positive Kenntnis* von einer solchen nicht existierenden Gesetzwidrigkeit *absolut ausgeschlossen.*

Der BGH bestätigt – so begründet! – das Rechtsbeugungsurteil eines Landgerichts und muß sich einen massiven Rechtsbruch, die Bestätigung einer Rechtsbeugung in Gestalt eines *direkten Verstoßes* gegen den unmißdeutbaren Wortlaut des ausschließlich anzuwendenden DDR-Gesetzes, vorwerfen lassen.

Noch weiter ging dieser Strafsenat des BGH in seinem Urteil vom 21.8.1997, in dem DDR-Richter und -Staatsanwälte bereits generell als potentielle Rechtsbeuger angesehen werden und demgemäß – unter Umkehr der Beweislast – davon ausgegangen wird, daß sie *regelmäßig* wissentlich gesetzwidrig entschieden hätten. Es heißt dort einfach: „Besonderheiten, welche den Rechtsbeugungsvorsatz *ausnahmsweise* gleichwohl in Frage stellen könnten, liegen nicht vor."

Im weiteren wird dann wiederum nur mit der bundesdeutschen Fremdbewertung operiert: die Rede ist von einer „offensichtlichen Unverhältnismäßigkeit" der verhängten Rechtsfolgen. Wenn also aus heutiger bundesdeutscher Sicht eine Strafe zu hoch war, ist für diese Justiz die Wissentlichkeit der Gesetzwidrigkeit der betreffenden Entscheidung gegeben!

Damit wird gegenüber DDR-Richtern und DDR-Staatsanwälten in einer beispiellosen Weise der Schuldgrundsatz, das Verschuldensprinzip, eliminiert.

Es kommt noch ärger dadurch, daß das Bundesverfassungsgericht, das sonst auf den Schuldgrundsatz als Ausfluß der Wahrung der Würde des Menschen, seines allgemeinen Persönlichkeitsrechts und der Rechtsstaatlichkeit (gemäß Art. 1, Art. 2, Abs. 1 i.V.m. Art. 20, Abs. 3 GG) so großes Gewicht legt, bei der Verfolgung von DDR-Richtern und -Staatsanwälten die bundesdeutschen Strafgerichte in ihrer *permanenten Rechtsbeugung bestätigt und ermuntert:*

In einer Entscheidung der 2. Kammer des Zweiten Senats des Bundesverfassungsgerichts, d.h. in einem Beschluß über die Nichtannahme einer Verfassungsbeschwerde, vom 12.5.1998 heißt es schlicht und einfach: „Die Auslegung des Tatbestandsmerkmals ‚gesetzwidrige Entscheidung' des § 244 StGB/DDR durch den BHG" – dessen Verletzung, wie dargestellt, auch ohne juristische Vorbildung ganz offensichtlich ist – „hält sich ... in den verfassungsrechtlichen Grenzen einer zulässigen Auslegung." (Ebenso hatte diese Kammer des BVerfG zuvor bezüglich eines anderen Rechtsbeugungsverfahrens gegen DDR-Richter erkannt, daß „der Schuldspruch" – des BGH – „nicht den Schuldgrundsatz ‚verletzt')."

Übrigens erfahren wir die in betreffenden Verfahren bei der bundesdeutschen Justiz nicht so seltene Vertauschung von Begriffsinhalten und Verschiebung von Betrachtungsebenen auch in dieser letzgenannten Entscheidung in eklatanter Weise.

Das BVerfG meint, indem es dem BGH im vorliegenden Fall seine Feststellung des Rechtsbeugungsvorsatzes bestätigt, die betreffende DDR-Richterin sei „rechtskundig" – und deshalb schuldig.

Der BGH meint also, weil diese DDR-Richterin „rechtskundig" sei, sei ihr auch bewußt gewesen, daß sie damals gesetzwidrig entschieden habe.

Dieser höchste Gerichtshof *verwechselt* (absichtsvoll?) die Kenntnis des Rechts, also den juristischen Ausbildungsstand, mit der Frage der Beurteilung und Bewertung von Vorgängen.

Selbstverständlich kannte diese Richterin die DDR-Gesetze, sie hatte in der DDR erfolgreich studiert und weder der BGH noch das BVerfG hatten feststellen können, daß diese Richterin etwa das DDR-Recht nicht kenne.

Die ihr zur Schuld gereichende „Rechtskundigkeit" erweist sich nach BVerfG darin, daß sie die betreffenden Straftaten in der DDR damals *anders bewertete*, als sie heute bundesdeutsche Gerichte, so auch das BVerfG, *bewerten.*

In Frage steht somit *nicht* die Rechtskundigkeit im Sinne von Rechtskenntnis, sondern die entgegengesetzte Bewertung von Sachverhalten, ein genereller gesellschaftlicher (moralisch-ideologischer) *Wertungskonflikt,* den auch das BVerfG – wie zuvor die bundesdeutschen Strafgerichte – auf Kosten von Individuen (nämlich vorliegend von DDR-Richtern und – Staatsanwälten) „löst".

Wer kann zu einem solchen Rechtssystem, zu einem solchen zum Hüter der Verfassung berufenen Verfassungsgericht, zu einer so abgesegneten Justiz Vertrauen haben?

Im Ergebnis kommt – jedenfalls bei verurteilenden Urteilen – eine *unzulässige Fremdrechtsanwendung* zur Geltung, die oft auch juristisch schwach ausfällt. (Demgegenüber fällt bei freisprechenden Urteilen beziehungsweise bei Beschlüssen, mit denen die Eröffnung des Hauptverfahrens abgelehnt wird, auf, daß die betreffenden Richter sich mit dem DDR-Recht intensiver befaßt hatten und ihre Entscheidung auch juristisch sauber begründeten.)

Wenn dann auch noch die agierenden bundesdeutschen Staatsanwälte und Richter erkennen lassen, daß sie die Lebensverhältnisse in der DDR und die Vorstellungswelt der DDR-Bürger nicht kennen, dann müssen die (ehemaligen) DDR-Bürger in den Gerichtssälen zu der Erkenntnis gelangen, daß Fremde über sie zu Gericht sitzen. Wenn dann das Wort von der *Sieger*justiz fällt, ist das nicht verwunderlich.

Gab es in der DDR gesetzliches Unrecht?

Wir hatten einleitend zwischen gesetzlichem Unrecht und Rechtsanwendungsunrecht unterschieden und klar gestellt, daß es auch in der DDR, wie überall, Rechtsanwendungsunrecht gab, d.h. Urteile und Beschlüsse, die materiell Unrecht waren.

In allen Rechts- und Justizordnungen werden viele solcher Urteile oder Beschlüsse, die sachlich falsch sind, also Justizunrecht darstellen, im Wege von Rechtmittelverfahren *nicht* korrigiert, so daß sie rechtskräftig werden und also als Unrechtsurteile oder -beschlüsse bestehen bleiben.

In einer nicht ganz verschwindend kleinen Zahl kommt es (vielfach durch Zufall) dazu, daß solch ein Justizirrtum (im Wege eines Wiederaufnahmeverfahrens) korrigiert wird, etwa weil der wirkliche Täter nach Jahren oder Jahrzehnten doch noch bekannt wird und überführt werden kann.

Von solchem allgegenwärtigen Rechtsanwendungunrecht, das, wie oben gezeigt, nicht ohne weiteres bedeutet, daß Rechtsbeugungen vorgelegen haben müssen, ist das *gesetzliche Unrecht* zu unterscheiden. Es würde darin bestehen, daß das *Gesetz selbst Unrecht* verkörpert.

Daß Gesetze schlecht gemacht sind, daß ihre juristische Technik mangelhaft ist, daß sie ineffektiv sind und die vom Gesetzgeber erstrebten Ziele nicht erreichen, ja, zu Ungerechtigkeiten führen, statt sie zu hindern, oder sonst problematisch sind, gehört für den Juristen zum Alltag. Die Fachpresse ist voll davon in Gestalt von Gesetzeskritik bzw. in Gestalt von Vorschlägen de lege ferenda (wie künftiges Recht gestaltet werden sollte). Das alles gab es in der DDR auch, und am Schluß dieses Beitrages werden dazu noch einige Beispiele genannt. Keine Rechtsordnung ist ideal!

Mitunter widersprechen Gesetze auch der Verfassung. Das kann je nach der Gestaltung der betreffenden Rechtsordnung in einem besonderen Verfahren, z.B. vor einem Verfassungsgericht, festgestellt werden.

In der DDR bestand – aus welchen Gründen auch immer – wie in zahlreichen anderen Ländern auch, keine Verfassungsgerichtsbarkeit. Die Prüfung, ob ein Gesetz mit der Verfassung in Einklang stand oder ihr etwa widersprach, oblag nach Art. 89 Abs. 3 Satz 2 der Verfassung der DDR von 1968 der Volkskammer selbst. Diese Befugnis der Volkskammer wurde nie durch Gesetz geregelt, so daß den DDR-Richtern, wenn sie die Verfassungsgemäßheit eines Gesetzes beziehungsweise einer Rechtsvorschrift bezweifelten, kein gesetzliches Verfahren an die Hand gegeben war, um die Volkskammer zur Normenkontrolle zu veranlassen.

Demgegenüber überträgt das GG, obwohl doch nach Art. 20, 2 GG „*alle* Staatsgewalt vom Volke" ausgehen soll, mit Art. 93 die Normenkontrolle einer der Volksvertretung faktisch übergeordneten Jurisdiktion, indem es ein Bundesverfassungsgericht vorsieht, das dann auch durch das Bundesverfassungsgerichtsgesetz (1951) eingerichtet wurde; seitdem gibt es in der BRD eine umfängliche Verfassungsrechtsprechung, die faktisch oft legislatorische Funktionen usurpiert.

In einigen Fällen hat das Bundesverfassungsgericht eine Unvereinbarkeit bestimmter Gesetze mit dem Grundgesetz festgestellt: So erkannte es in dem Verfassungsbeschwerdeverfahren 2 BvR 27/60 unter dem 12.3.1961, daß der Abs. 3 in dem am 30.8.1951 (zum Zwecke der Kommunsitenverfolgung) erlassenen § 90a des bundesdeutschen Strafgesetzbuches wegen Verstoßes gegen das Parteienprivileg (in Art. 21 Abs. 2 GG) *nichtig* sei – nachdem dieser Absatz des StGB/BRD jahrelang angewandt worden war.

Denn erst durch das 8. Strafrechtsänderungsgesetz vom 25.6.1968 wurde dieser § 90a StGB zusammen mit vielen weiteren Vorschriften des 1. Strafrechtsänderungsgesetzes vom 30.8.1951, das wegen der Eile, mit der es im Bundestag durchgepeitscht wurde, zeitgenössisch „Blitzgesetz“ genannt wurde, beseitigt.

In anderen Fällen meinte das Bundesverfassungsgericht – sofern es überhaupt mit einer solchen Frage befaßt war –, der Wortlaut des betreffenden Gesetzes verstoße zwar „noch nicht direkt“ gegen das Grundgesetz, jedoch sei es geboten, dieses Gesetz *verfassungskonform auszulegen,* so z. B. im Falle des § 240 StGB („Nötigung“), und zwar sowohl hinsichtlich des Begriffs „Gewalt“ wie des höchst unbestimmten Begriffs der „Verwerflichkeit“.

Der Begriff des *gesetzlichen Unrechts* handelt somit nicht schlechthin von schlechten, ungerechten oder verfassungswidrigen Gesetzen; diese Begriffe sind vielmehr genau auseinanderzuhalten.

Speziell im Blick auf *gesetzliches Unrecht* ist nun zu prüfen: Gibt es einen Rechtsmaßstab, an dem die nationale Gesetzgebung (hier vor allem die Strafgesetzgebung) dahingehend gemessen werden könnte, ob *gesetzliches* Unrecht zustande gekommen ist, ob Unrechts*gesetze* erlassen worden sind?

Wie schon oben konstatiert sind die Staaten kraft ihrer Staatensouveränität von Völkerrechts wegen in der Gestaltung ihrer Rechtsordnung grundsätzlich frei; es ist also danach zu fragen, ob es überhaupt supranationale Grenzen für ihre Gesetzgebung einschließlich des Verfassungsrechtes gibt. Tatsächlich sind ihnen heutzutage in Gestalt vieler Konventionen, das heißt multilateraler (völkerrechtlicher) Verträge, bestimmte Vorgaben für ihre nationale Gesetzgebung gemacht worden.

So haben sich die Staaten, die der Genozid-Konvention (Völermord-KKonvention) vom 9.12.1948 beigetreten sind, zu entsprechender Gesetzgebung in ihren Ländern verpflichtet: in der DDR entsprach dem § 91 StGB/DDR, in der Bundesrepublik sieht § 220 a StGB die strafrechtliche Verantwortlichkeit für *Völkermord* vor.

Noch einmal: die „Radbruchsche Formel"

Die Erörterung *gesetzlichen Unrechts* hat in Deutschland namentlich nach der *NS-Zeit* aufgrund der NS-Verbrechen eine größere Rolle gespielt. In diesem Zusammenhang wurden verschiedene rechtliche Gesichtspunkte erörtert, auf die in den letzten Jahren bei der juristischen „Aufarbeitung" des „DDR-Unrechtsstaates" gern zurückgegriffen wird.

Deshalb ist es unerläßlich, hier noch einmal kurz darauf einzugehen.

Gustav Radbruch hat dieses Thema, wie bereits erwähnt, 1946 in seinem Aufsatz „Gesetzliches Unrecht und übergesetzliches Recht" in der Süddeutschen Juristenzeitung näher erörtert.

Seinen damaligen Ausführungen, die über Jahrzehnte gerade auch in der Bundesrepublik weitestgehend unbeachtet blieben, wurde nach dem Ende der DDR eine „Radbruchsche Formel" entnommen, die in gravierend entstellender Weise bei der Abstrafung von DDR-Hoheitsträgern ins Feld geführt wurde und wird.

Radbruch war ein Verfechter nicht nur der Gerechtigkeit, sondern auch der *Rechtssicherheit.* Zu den „Erfordernissen einer Justiz" rechnete er „Gesetzmäßigkeit" (nach einem anderen Sprachgebrauch handelt es sich um „Gesetzlichkeit"), „Streben nach Gerechtigkeit" und „Rechtssicherheit".

Er fährt fort:

Jedes positive (vom Gesetzgeber erlassene) Gesetz führe bereits einen Wert in sich: „Es ist immer noch besser als kein Gesetz, weil es zumindest Rechtssicherheit schafft."

Dazu gehöre auch eine möglichst einheitliche Rechtsanwendung:

„Dass das Recht sicher sei, daß es nicht heute und hier so, morgen und dort anders ausgelegt und angewandt werde, ist zugleich eine Forderung der Gerechtigkeit."

Jedoch müßten neben die Rechtssicherheit noch „Zweckmäßigkeit und Gerechtigkeit" treten.

Als scharfsinnigem und weisem Juristen mit langjähriger Erfahrung war ihm geläufig, daß zwischen Rechtssicherheit und Gerechtigkeit Widersprüche auftreten.

Wie ist dieser Konflikt zu lösen? Soll das eine vor dem Anderen den Vorrang haben?

Radbruch antwortete – im Jahre nach der Befreiung von den Verbrechen der Hitlerleute! – in einer bemerkenswerten Eindeutigkeit:

„Der Konflikt zwischen Gerechtigkeit und der Rechtssicherheit dürfte dahin zu lösen sein, daß das positive, durch Satzung und Macht gesicherte Recht *auch dann den Vorrang hat, wenn es inhaltlich ungerecht oder unzweckmäßig ist.*"

Radbruch sprach sich also, aus gutem Grund, eindeutig für die Verbindlichkeit selbst eines womöglich *ungerechten* Gesetzes aus. Er wußte genau, daß ein Infragestellen der Bindungswirkung irgendeines Gesetzes, auch wenn es nicht nur schlecht, unzweckmäßig oder sonst falsch, ja selbst wenn es *ungerecht* ist (beziehungsweise nach wessen Ansicht auch immer sein soll), Rechtsunsicherheit und den Anfang vom Chaos bedeuten würde. Und er setzt mit einem bedeutsamen Gedanken, aus dem später die „Radbruchsche Formel" abgeleitet wurde, fort:

Nur dort, „wo Gerechtigkeit nicht einmal erstrebt wird, wo die *Gleichheit, die den Kern der Gerechtigkeit* ausmacht, bei der Setzung positiven Rechts *bewußt verleugnet* wurde, da ist das Gesetz nicht etwa nur ‚unrichtiges Recht', vielmehr *entbehrt es überhaupt der Rechtsnatur.*"

Im folgenden illustriert Radbruch seine Rechtsansicht an Beispielen „gesetzlichen Unrechts", die unmittelbar nach dem Ende des NS-Verbrecherstaates noch klar vor Augen standen, heute aber offenbar nicht mehr geläufig sind, an Beispielen, in denen „das nationalsozialistische ‚Recht' sich der wesensbestimmenden Anforderung der Gerechtigkeit, der gleichen Behandlung des Gleichen, zu entziehen gewillt war."

Eben *deshalb*, weil Gleichheit und Gleichbehandlung von

den NS-Machthabern ausdrücklich und absichtsvoll *nicht* erstrebt wurden, weil sie von „Untermenschen" sprachen und ihnen Mensch nicht gleich Mensch galt, entbehrte dieses NS-Recht der Rechtsnatur, war es „überhaupt kein Recht".

Besonders anschaulich für solches NS-Nichtrecht waren die antisemitischen Nürnberger Gesetze vom 15.9.1935 und die Polen- und Judenstrafrechts-Verordnung vom 4.12.1941, die erklärtermaßen Juden und Polen außerhalb des Gesetzes stellten.

Zu solchem gesetzlichen Unrecht wäre des weiteren auch die Vorschrift des nazistischen § 2 RStGB zu rechnen, die eine *außergesetzliche* Strafverfolgung nach dem „gesunden Volksempfinden" beziehungsweise nach *Analogie* eröffnete.

Die Alliierten hoben die offensichtlich verbrecherischen und sonst unerträglichen NS-Gesetze mit dem Kontrollratsgesetz (KG) Nr. 1 vom 20.9.1945, dem KG Nr. 11 vom 30.1.1946 und dem KG Nr. 55 vom 20.6.1947 auf, darunter die „Nürnberger Gesetze"; das sogenannte „Heimtückegesetz", das Kriegssonderstrafrecht, die „Volksschädlings-" und die „Polen- und Juden-Strafverordnung", die „Strafbestimmungen gegen Wirtschaftssabotage" und die für den „Volkssturm".

Zu den von den Alliierten aufgehobenen Strafgesetzen gehörte natürlich auch der vorgenannte § 2 RStGB sowie der die Entmannung zulassende § 42 k RStGB.

In der DDR gab es kein gesetzliches Unrecht

Daß es im DDR-Strafrecht *zu keiner Zeit* auch nur annähernd ähnliche Strafgesetze gegeben hätte, steht jenseits allen Zweifels.

Bei allen Attacken gegen den „Unrechts-Staat" DDR konnten derartige Unrechtsgesetze, konnte derartiges gesetzliches Unrecht eben *nicht* gefunden und daher auch nicht ins Feld geführt werden.

Die Strafgesetze der DDR, so insbesondere auch das Strafgesetzbuch von 1968, waren in der klassischen Form abgefaßt: wer das und das tut, wird bestraft.

In keinem der DDR-Strafgesetze wurde jemals irgendeine

Menschengruppe außerhalb des Gesetzes gestellt. Daher kann – im Sinne von Radbruch – mit Fug und Recht festgestellt werden: *In der DDR gab es kein gesetzliches Unrecht.*

Allerdings kann in diesem Zusammenhang nicht übersehen werden, daß ausgerechnet die (erste und letzte „freigewählte") Volkskammer, nachdem die DDR kaum noch ernstlich als souverän zu bezeichnen war, es zustandebrachte, ein *verfassungswidriges Sonderstrafgesetz* für bestimmte Personen zu schaffen:

Mit dem 6. Strafrechtsänderungsgesetz vom 29.6.1990 waren die Vorschriften gegen Vertrauensmißbrauch (§ 165 StGB/DDR) u.ä. per 1.7.1990 aufgehoben worden; diese Strafbestimmungen sollten jedoch gemäß § 10 dieses Gesetzes unbegrenzt „weiterhin" in solchen Fällen „zugrundegelegt" werden, in denen vor dem 1.7.1990 Straftaten nach diesen Bestimmungen begangen und deswegen Ermittlungsverfahren eingeleitet worden waren, wobei in diesen Fällen – abweichend von der sonstigen Rechtslage – auch Vermögenseinziehung nach dem im übrigen aufgehobenen § 57 StGB/DDR unbefristet „weiterhin zulässig" sein sollte.

Bei diesen vorgenannten Ermittlungsverfahren handelte es sich um solche gegen frühere Spitzenfunktionäre wie Honekker, Tisch u.a. Diese abgezählten Personen unterlagen somit einem *Sonderstrafrecht,* wie es in all den vierzig Jahren des Bestehens des „Unrechtsstaates" DDR gänzlich unbekannt war.

Es soll zur Abrundung der aufgeworfenen Frage auch klargestellt werden, daß es im DDR-Strafrecht auch sonst kein Gesetz gab, das irgendeiner der internationalen Konvention zuwiderlief, der die DDR beigetreten war.

Insbesondere galt in der DDR in Übereinstimmung mit Art. 15 IPPbR (Internationaler Pakt der Bürger- und politischen Rechte) uneingeschränkt das Prinzip der Gesetzlichkeit, der nulla-poena-sine-lege-Grundsatz, das Rückwirkungsverbot und das Analogieverbot (Art. 99 Verf/DDR von 1968; Art. 4 StGB/DDR).

Hätte es an irgendeiner Stelle des DDR-Strafrechts eine solche völkerrechtswidrige Strafbestimmung gegeben, wäre solches zum Beweis für den „Unrechtsstaats"-Vorwurf längst vorgebracht worden. *Eine dahingehende Behauptung findet sich jedoch nirgends.* In der DDR gab es also weder völkerrechtswidrige Strafgesetze noch sonst gesetzliches Unrecht.

War nun etwa das DDR-Strafrecht tadelsfrei und unbeanstandbar?

Natürlich nicht, so wie es am Strafrecht jeden Staates etwas auszusetzen gibt.

Auf dem Hintergrund dessen, daß das DDR-Strafgesetzbuch von 1968 international und auch bei unvoreingenommenen Strafrechtlern der Bundesrepublik nicht nur weitgehend positiv aufgenommen worden war, sondern in wesentlichen Teilen sogar hohe Wertschätzung erfahren hatte und daß für das Strafrecht relevante Bestimmungen der einschlägigen Menschenrechtskonventionen im DDR-Strafrecht ihren Platz gefunden hatten, sei auf einige bereits in der DDR als problematisch angesehene Strafbestimmungen eingegangen. Dabei darf vorab nicht übersehen werden, daß auch das Strafrecht der DDR vom „Kalten Krieg" beeinflußt war – ganz so wie das bundesdeutsche; dafür sind im bundesdeutschen Strafrecht außer dem bereits erwähnten „Blitzgesetz" von 1951 die aus dem gleichen Jahr stammenden besonderen Vorschriften der §§ 239 a (Erpresserischer Menschenraub) und 241 a StGB (politische Verdächtigung) zu nennen.

Kritikwürdige Gesetze der DDR

Zu den bedenklichsten Vorschriften des DDR-StGB gehörte § 249, die Bestimmung gegen sogenannte kriminelle Asozialität; das Gesetz nannte dieses Delikt „Beeinträchtigung der öffentlichen Ordnung und Sicherheit durch asoziales Verhalten".

Diese Vorschrift ging letztlich auf *Chruschtschows* Versuche zurück, des „Parasitentums", der „Arbeitsscheu", mit administrativen Mitteln beziehungsweise solchen des Strafrechts Herr zu werden.

Auch in der DDR unterlagen maßgebliche Stellen zu lange diesem Irrglauben. Aber zunehmend wurde klar, daß sich ein derart komplexes soziales Phänomen wie Asozialität oder Dissozialität nicht mit strafrechtlichen Mitteln bekämpfen oder überwinden läßt.

Zeitweise umfaßten die Straftaten nach § 249 StGB/DDR fast ein Drittel der festgestellten Gesamtkriminalität der DDR, zumal betreffende Personen auch dank der rigorosen, die Wirkungen der Strafe überschätzenden Rückfallvorschriften regelmäßig im Sinne dieser Vorschrift alsbald wieder straffällig wurden.

Besonders bedenklich und bedrückend war, daß diese Vorschrift des § 249 StGB/DDR auch gegen nicht wenige Jugendliche angewandt wurde.

In diesen Zusammenhang gehört auch die Vorschrift über die Aufenthaltsbeschränkung (§§ 51, 52 StGB/DDR), die ursprünglich Konzentrationen von kriminellen Personen (z.B. in Großstädten) entgegenwirken sollte, dann aber besonders dadurch bedenklich wurde, daß es auch zulässig wurde, den Aufenthalt in bestimmten Orten oder Gebieten *anzuweisen,* also eine bestimmte Art von Freiheitsbeschränkung auszusprechen.

Aufgrund entsprechender wissenschaftlicher Arbeiten sowie der zunehmend differenzierteren Rechtsprechung des Obersten Gerichts gelang es in den achtziger Jahren, den Anteil der nach dieser Bestimmung verfolgten Jugendlichen fast auf Null zu reduzieren. Auch wurden erfolgversprechende Ansätze sozial und sozialpsychologisch orientierter Arbeit, so u.a. in Gestalt „besonderer Brigaden“ und „geschützten Wohnens“ in Angriff genommen.

In den Anfangsjahren der DDR war Art. 6 der DDR-Verfassung von 1949, die nach Art. 144 dieser Verfassung unzweifelhaft unmittelbar geltendes Recht war und auch sonst als den Mindestanforderungen an ein Strafgesetz im wesentlichen genügend angesehen wurde, eine andere problematische Strafbestimmung. Dieser Artikel lautete:

„Alle Bürger sind vor dem Gesetz gleichberechtigt.

Boykotthetze gegen demokratische Einrichtungen und Organisationen, Mordhetze gegen demokratische Politiker, Bekundung von Glaubens-, Rassen-, Völkerhaß, militaristische Propaganda sowie Kriegshetze und alle sonstigen Handlungen, die sich gegen die Gleichberechtigung richten, sind Verbrechen im Sinne des Strafgesetzbuches. Ausübung demokratischer Rechte im Sinne der Verfassung ist keine Boykotthetze.

Wer wegen Begehung dieser Verbrechen bestraft ist, kann weder im öffentlichen Dienst noch in leitenden Stellen im wirtschaftlichen und kulturellen Leben tätig sein. Er verliert das Recht, zu wählen und gewählt zu werden."

Die Ungewöhnlichkeit, daß sich in einem Verfassungsartikel eine Strafbestimmung fand, war indessen damals keine Eigenheit des DDR-Strafrechts. Auch in der Bundesrepublik gab es zunächst eine Verfassungsbestimmung, die ein Strafgesetz enthielt: Art. 143. Er bedrohte außer im minder schweren Fall resp. bei Rücktritt von der Tat oder tätiger Reue mit lebenslänglich, mindestens zehn Jahren, Zuchthaus denjenigen, der „mit Gewalt oder durch Drohung mit Gewalt die verfassungsmäßige Ordnung des Bundes oder eines Landes ändert, den Bundespräsidenten der ihm nach diesem Grundgesetz zustehenden Befugnisse beraubt oder mit Gewalt oder durch gefährliche Drohung nötigt oder hindert, sie überhaupt oder in einem bestimmten Sinne auszuüben, oder ein zum Bunde oder einem Lande gehöriges Gebiet losreißt". Diese Staatsschutzbestimmung wurde 1951 durch das 1. Strafrechtsänderungsgesetz, das schon erwähnte „Blitzgesetz" abgelöst, das dann 1968 nach langen Kämpfen wegen seiner nicht hinreichenden „Rechtsstaatlichkeit" beseitigt wurde.

Art. 6 der alten DDR-Verfassung blieb bis zum Inkrafttreten des DDR-Strafrechtsänderungsgesetzes 1957 in Kraft. (Es sei darauf verwiesen, daß der Bundesgerichtshof in einem Strafverfahren gegen einen früheren Richter am Obersten Gericht der DDR wegen Rechtsbeugung „in der bloßen Anwendung des Art. 6 als Strafnorm" in Ansehung der damaligen Umstände eines „in Ost und West empfundenen Bedürfnisses nach Staatsschutzbestimmungen" jedenfalls noch *keine* Rechtsbeugung erblickte.)

Eine besondere Problematik enthielten die Strafbestimmungen, die gegen „Republikflüchtige" beziehungsweise gegen „Ausreisewillige" angewandt wurden.

Es ist zwar zunächst nicht zu rügen, daß der ungesetzliche Grenzübertritt (über die „grüne Grenze") überhaupt unter Strafe gestellt wurde (§ 213 StGB/DDR); der DDR war ebenfalls nicht vorzuwerfen, daß sie gegen verschiedene Menschenhändler (damals im Westen euphemistisch „Fluchthelfer" genannt und gefeiert, heute im Interesse, die Festung Europa abzuschotten, als ‚Schleuserbanden' diskriminiert) strafrechtlich vorging.

Auch verstieß das Unter-Strafe-Stellen des ungesetzlichen Grenzübertritts nicht gegen eine der Menschenrechtskonventionen. Denn keine von ihnen erlaubte oder legitimierte den *ungesetzlichen* Grenzübertritt, und überdies ist zu beachten, daß die betreffende Menschenrechtskonvention (IPPbR) von 1966, die für die DDR im Jahre 1976 in Kraft getreten war, zwar die Teilnehmerstaaten, so dann auch die DDR, in ihrem Art. 12 Abs. 2 verpflichtete, das Recht, „jedes Land, auch das eigene, zu verlassen", zu gewährleisten, dann jedoch im Abs. 3 des Art. 12 unter dem Aspekt des Schutzes der nationalen Sicherheit, der öffentlichen Ordnung, Gesundheit oder Moral oder von Rechten und Freiheiten anderer bedeutsame Einschränkungen vorsieht.

Dabei ist klar, daß grundsätzlich und zunächst *jeder Staat selbst* darüber bestimmt, ob diese Gesichtspunkte generell und im Einzelfall der Gewährung des Rechts aus Abs. 2 des Art. 12 IPPbR entgegenstehen.

Es ist der DDR nicht vorzuwerfen, daß sie Wehrpflichtige (beziehungsweise zum Wehrdienst gemusterte junge Männer) nicht so ohne weiteres in „Feindesland" ziehen lassen wollte, daß sie ebenfalls bei Geheimnisträgern (dieser Personenkreis war in der DDR recht weit gezogen), bei Ärzten und anderen Personen im Interesse der DDR und ihrer Bürger zurückhaltend war; auch war für die DDR – nachvollziehbar – nicht ohne Belang, daß in diesem Staat auf dessen Kosten gut ausgebildete Fachkräfte einem fremden, ja feindlichen Staat dienen würden.

Angesichts der weitgehend ungeregelten Beziehungen zwischen beiden deutschen Staaten, so schon in Fragen der Staatsbürgerschaft, hatte die DDR auch ein nachvollziehbares Interesse, daß Ausreisewillige vor dem Verlassen der DDR beziehungsweise ihrer Entlassung aus der DDR-Staatsbürgerschaft ihre finanziellen und anderen Vermögensverhältisse einer *abschließenden* Regelung zugeführt hatten.

Indessen durften auch in den Jahren nach 1961 mehrere hunderttausend DDR-Bürger aufgrund entsprechender Anträge *legal* ausreisen beziehungsweise auswandern.

Vor allem aber muß in diesem Zusammenhang betont werden: Die – bis zuletzt unbefriedigende – Regelung des Ausreiserechtes gehört *nicht zum Strafrecht.* Eine gegebenenfalls zu bejahende Differenz der Rechtslage und der Rechtsanwendungspraxis der DDR zum o.g. Art. 12 IPPbR bedeutet daher *nicht*, daß es im Strafrecht der DDR völkerrechtswidrige Gesetze, Unrecht im Sinne des Völkerrechtes, gegeben hätte.

Weiter dürfen in diesem Zusammenhang einige besondere Umstände nicht außer Acht gelassen werden:

Zum einen besaß die zum westlichen Schaufenster hochstilisierte Bundesrepublik, besonders auch die außerordentlich geförderte „Frontstadt" Westberlin, nicht nur in wirtschaftlicher Hinsicht eine nicht zu übersehende Anziehungskraft (Republikflucht in andere Länder spielte bekanntlich keine Rolle). Sie wäre auch in Richtung Westberlin und Bundesrepublik gegenstandslos gewesen, wenn dort wirtschaftliche Verhältnisse wie z.B. in Sizilien beziehungsweise Zuwanderungsbedingungen wie z. B. in der Schweiz bestanden hätten oder auch nur solche wie in der Bundesrepublik gegenüber solchen Ausländern, die man dort nicht kraft „Volkszugehörigkeit" als „Deutsche" vereinnahmt und privilegiert.

Zum anderen war *entscheidend*, daß gemäß dieser bundesdeutschen Staatsbürgerschaftsdoktrin und -regelung (Vgl. Art. 116 GG – Staatsangehörigkeit u.a. kraft „Volkszugehörigkeit") bis zuletzt die eigenständige DDR-Staatsbürgerschaft nicht anerkannt wurde. Im Gegenteil, in interventionistischer Manier galt *jeder DDR-Bürger* als potentieller *Bundesbürger*, er wurde jedenfalls mit dem Grenzübertritt in der BRD automatisch als ein solcher behandelt, z.B. durch Ausreichung eines bundesdeutschen Passes. „Republikflüchtige“ wurden daher in der BRD niemals zu Asylanten.

Nicht nur frühere Untersuchungen, sondern auch die jetzt in betreffenden Strafverfahren vorliegenden Akten zeugen davon, daß sich unter den „Republikflüchtigen“ fast überhaupt *keine* strafrechtlich oder politisch *Verfolgten* befunden haben, daß sie also *keine Flüchtlinge* im Sinne der UN-Flüchtlingskonvention gewesen sind. Sie waren vielmehr das, was man im allgemeinen Wirtschaftsflüchtlinge oder -asylanten nennt.

DDR-verfassungsgemäße Korrektur von Unrecht infolge mangelhafter Gesetze und ihrer Anwendung

Zur Frage, inwieweit es im DDR-Strafrecht „gesetzliches Unrecht“ gegeben habe, sei abschließend auf das *DDR-Rehabilitationsgesetz* vom 6.9.1990 eingegangen, das ja voraussetzte, daß durch Gesetze der DDR Unrecht entstanden sei.

Dieses Gesetz ermöglicht über die im DDR-Recht vorgesehene Möglichkeit der *Kassation* rechtskräftig gewordener, gesetzwidriger gerichtlicher Entscheidungen hinaus die Aufhebung von an sich *nicht* gesetzwidrigen Entscheidungen (bzw. Maßnahmen), die gleichwohl als materielles Unrecht angesehen wurden.

Dieses Gesetz war in seinen Grundzügen bereits Ende 1989 erarbeitet worden und stellte, wie in seiner Präambel klargestellt wurde, auf strafrechtliche (und andere) Verfolgung ab, die „im Widerspruch zu verfassungsmäßig garantierten Grund- und Menschenrechten“ erfolgt sei. Ausschlaggebendes Kriterium und ausschlaggebender Maßstab war zutreffend die *Verfassung*, das höchste geschriebene Gesetz der DDR mit den darin enthaltenen, also ins innerstaatliche DDR-Recht transformierten, völkerrechtlichen Regelungen, auch denen der Menschenrechtskonventionen. Demgemäß kam als Rehabilitierungsgrund insbesondere die *friedliche und gewaltfreie Ausübung verfassungsmäßiger politischer Rechte* in Betracht.

Dieses DDR-Rehabilitierungsgesetz ging *nicht* davon aus, daß es im DDR-Strafrecht „gesetzliches Unrecht" gegeben habe; es unterstellte auch *nicht,* daß eine in einem besonderen gerichtlichen Verfahren im Einzelfall anerkannte Rehabilitierung automatisch die Annahme einer *Rechtsbeugung* einschlösse. Es berücksichtigte vielmehr, daß durch das *Zusammenwirken* einer *bestimmten Gesetzgebung* (mit weiten Tatbeständen, wie sie allgemein im politischen Strafrecht – keineswegs nur dem der DDR, sondern auch dem der BRD – verbreitet sind) und einer *bestimmten Rechtsanwendungs*praxis, ohne daß gesetzwidriges Unrecht oder eine kassationsfähige *Gesetzesverletzung* vorlag, in einer ganzen Reihe von Fällen Ergebnisse entstanden waren, die mit der Verfassung der DDR nicht mehr in Einklang standen und als materielles Unrecht angesehen werden konnten.

In diametralem Gegensatz zu diesem DDR-Rehabilitationsgesetz griff das spätere bundesdeutsche strafrechtliche Rehabilitierungsgesetz – bezeichnenderweise im ersten SED-Unrechtsbereinigungsgesetz plaziert – nachträglich interventionistisch in die Verfassungs- und Rechtsordnung der DDR ein; es erklärte die „Rechtsstaats"-Widrigkeit im Sinne des bundesdeutschen Grundgesetzes zum maßgeblichen Beurteilungskriterium des DDR-Rechts.

Daraus ergab sich, daß dieses Gesetz im Widerspruch zur DDR-Rechts- und Verfassungsordnung auch Spionage, Wehrdienstentziehung und -verweigerung, staatsfeindlichen Menschenhandel und andere nach DDR-Recht und -Verfassung unzweifelhaft strafbare Handlungen zu rehabilitierungswürdigen erklärte; sogar die Verurteilungen von NS-Verbrechen in den Waldheimer Prozessen wurden undifferenziert als rehabilitierungsfähig bezeichnet!

In diesem Zusammenhang sei daran erinnert, daß prominente Opfer der politischen Justiz in der DDR – z.B. Wolfgang Harich, Rudolf Bahro oder Hanns-Joachim Staritz – den westdeutschen Gerichten im Blick auf die Rechtsbeugungsprozesse gegen ihre seinerzeitigen Richter eindeutig erklärt haben, daß sie diese Strafverfolgung ablehnten und nicht wünschten; es handele sich um eine innere Angelegenheit der DDR, in die sich bundesdeutsche Behörden nicht einzumischen hätten, zumal diese im „Kalten Krieg“ nicht unbeteiligt gewesen seien und auf der anderen Seite gestanden hätten.

Vielen – namentlich solchen, die damals die DDR unbedingt verlassen wollten und die gegen sie geführte Strafverfolgung als Preis und Methode für den von ihnen erstrebten Weg in den Westen akzeptierten – ist die Strafverfolgung ihrer ehemaligen Richter, wie ihr Auftreten als Zeugen in Prozessen gegen sie zeigt, verhältnismäßig gleichgültig.

Ein besonderes Interesse an einer Strafverfolgung zeigen, abgesehen von Bürgerrechtlern einer bestimmten politischen Couleur, vornehmlich solche, die – wie in den Verfahren gegen Rechtsanwalt Prof. Dr. Vogel erkennbar – bestimmte materielle Interessen verfolgen.

Recht und Politik

Nicht, um irgend etwas schönzureden, sondern um eine generelle Problematik des Rechts zu illustrieren muß zum einen auf das Verhältnis von *Politik und Recht* und zum anderen auf die Bedeutung der *Auslegung für die Rechtsanwendung* eingegangen werden.

Daß es auch im Bereich des Rechts Politik gibt, ist völlig unbestritten; eine renommierte juristische Fachzeitschrift heißt: *Zeitschrift für Rechtspolitik* (ZRP).

Jeder Gesetzgebung geht (Rechts-)Politik voraus; die maßgeblichen politischen Gremien (zu denen auch die gesetzgebenden Körperschaften gezählt werden), sodann die Führungsgremien der „regierenden“ Parteien beziehungsweise der Regierungskoalitionen beraten vor dem eigentlichen Gesetzgebungsverfahren die Gesetzesentwürfe. So war es in der DDR, so ist es auch in der Bundesrepublik.

Unzweifelhaft sind *Gesetze* die *in Rechtsform gegossene Politik* der regierenden Partei(en) – oder, um noch einmal den unverdächtigen Zeugen Gustav Radbruch zu zitieren: „Rechtsverhältnisse sind in die Rechtsform übersetzte soziale Machtverhältnisse", Gesetzgebung ist stets politisch. Insoweit gilt überall das Primat der Politik gegenüber dem Recht.

Die in der vorgesehenen Verfahrensweise so zustandegekommenen Gesetze sind dann – unabhängig davon, welche Kräfte sie rechtspolitisch geprägt haben – für alle Normadressaten *verbindlich,* auch wenn sie mißfallen und den Interessen vieler widersprechen beziehungsweise sogar allgemeine oder öffentliche Ablehnung erfahren.

Darin besteht also nicht das Problem.

Obwohl schon bedeutsam, liegt beziehungsweise lag das Problem auch nicht darin, daß in der DDR der „Arbeiterklasse und ihrer marxistisch-leninistischen Partei" nach der Verfassung von 1968 (gemäß Art. 1) eine Führungsrolle zukam, es außerhalb der SED keine (legale) Opposition gab und innerhalb der SED an demokratischen Spielräumen mangelte. Von Ausnahmen abgesehen entsprach die Mehrzahl der DDR-Gesetze durchaus zumindest weitgehend den Interessen (der Mehrheit) des Volkes.

Ein Problem bestand vielfach darin, daß in der subjektiven Einstellung nicht weniger Funktionäre *außerhalb der Justiz und Rechtswissenschaft* Rechtsnihilismus verbreitet war, eine Neigung, die Gesetze nicht ganz so ernst zu nehmen. Das korrespondierte mit Tendenzen (insbesondere außerhalb des Strafrechtes), sich nicht durch Gesetze festlegen und binden zu lassen.

War ein (Straf-)Gesetz in Kraft getreten, dann *galt* es und war insbesondere für Richter und Staatsanwälte *verbindlich.* Indessen sichert nirgends die (formelle juristische) Verbindlichkeit von (Straf-)Gesetzen, daß nicht unvertretbare Ergebnisse zustande kommen, daß es nicht zu materiellem Unrecht kommt.

Ein großes (juristisches) Problem mit gravierenden Auswirkungen auf Betroffene stellt die zur Rechtsanwendung erforderliche *Auslegung* dar.

Für den Juristen ist es unzweifelhaft und eine Binsenweisheit, daß *jede Rechtsnorm der Auslegung bedarf.* Denn *kein* (zwangsläufig allgemein-abstrakt gehaltenes) *Gesetz* ist in Bezug auf den Einzelfall, auf den es angewendet wird, *eindeutig.*

Die Auslegung aber gehört zu den kompliziertesten und meistumstrittenen Tätigkeitsfeldern des Juristen.

Weil es so verschiedene Auslegungsregeln und -möglichkeiten gibt (z.B. den Zweck des Gesetzes, die ratio legis, oder, den Willen des Gesetzgebers zu erforschen und zu berücksichtigen, dem Wortsinn den Vorrang vor dem Wortlaut zu geben, wobei der ‚mögliche Wortsinn' die Grenze der Auslegung sein sollte, usw.) kann das gleiche Gesetz von dem einen Juristen so und von einem anderen anders, zuweilen entgegengesetzt, ausgelegt werden; davon lebt ja die Jurisprudenz, der Rechtsstreit vor Gericht. Nicht ganz unbegründet sagt der Volksmund: Juristen können alles begründen, und man spricht von Rechtsverdrehern.

Es ist unter Juristen kein Geheimnis, daß für die Frage der Auswahl dieser oder jener Auslegungsregel oder -möglichkeit das subjektive (rechtspolitische, eventuell auch rechtsethische) Vorverständnis des betreffenden Rechtsanwenders ausschlaggebend ist. Mit anderen Worten: Ob es nun immer so ausgedrückt oder eher verheimlicht wird: Auch bei der Rechtsanwendung, und zwar auch bei einer gesetzestreuen Rechtsanwendung, schlägt die *Politik* durch.

Solches gilt selbstredend in besonderem Maße im Bereich des politischen Strafrechts, der politischen Strafjustiz, die – in allen Gesellschaftssystemen in Ost und West – gegen den politischen Gegner gerichtet war und ist.

Besonderen Spielraum hat die politische Einstellung der betreffenden Richter und Staatsanwälte dann bei der *Strafzumessung*. Denn sie ist jedenfalls innerhalb des gesetzlichen Strafrahmens letztendlich eine schwer kontrollierbare Ermessenssache.

Auch darin, daß die (durch Auslegung ermöglichte) *Rechtsanwendung politisch* ist oder werden kann, besteht keine Eigentümlichkeit des DDR-Rechtes. Wie in anderen Rechtssystemen galt auch in der DDR hinsichtlich der *Verbindlichkeit* der Gesetze das *Primat des Rechts gegenüber der Politik*, aber hinsichtlich der *Auslegung* der Gesetze, also innerhalb ihres Rahmens, wirkte duchaus auch die *Politik*.

Die *eigentlichen Unterschiede und Probleme* im Gegensatz zur Bundesrepublik lagen in der DDR im Bereich der *grundsätzlichen Auffassung vom Recht,* darin, ob Recht wesentlich als Garant der persönlichen Freiheit des Individuums (wozu insbesondere die Freiheit, zu erwerben und zu besitzen, die Freiheit des Privateigentums gehört) und somit als Begrenzung insbesondere ökonomischer Macht des Staates verstanden werde, oder maßgeblich als Instrument auf soziale Gleichberechtigung orientierender ökonomischer, staatlicher und rechtlicher Gestaltung der gesellschaftlichen Verhältnisse.

Dieser komplizierte rechtstheoretische Gegenstand kann nicht im Rahmen dieses Beitrags behandelt werden.

Als Antwort auf die eingangs gestellten Fragen nach Rechtanwendungsunrecht und gesetzlichem Unrecht in der DDR ist als Fazit festzustellen: Unbeschadet manches Kritikwürdigen und zu Mißbilligendem auch im DDR-Strafrecht gab es in diesem *kein gesetzliches Unrecht.*

Beweisaufnahme und Beweisführung

Zu den Unterschieden des Beweisrechts in der DDR und in der BRD

1) Daß zahlreiche gestandene Juristen, die unter einer Rechtsordnung, nämlich der der DDR, ihre juristische Ausbildung genossen und ihre juristische Tätigkeit ausgeübt hatten, vor Gerichten einer anderen Rechtsordnung, der der Bundesrepublik Deutschland, zu stehen hatten, ist – abgesehen von den politischen Motiven, Gründen und Hintergründen solcher Strafverfolgung und abgesehen von den bedrückenden, diskriminierenden subjektiven Erlebnissen solcher Verfolgung – in der Justizgeschichte, und zwar nicht nur der deutschen, einmalig.

Angezeigt ist daher eine nähere Betrachtung der Unterschiede der beiden betreffenden Rechtsordnungen, so insbesondere hinsichtlich der unterschiedlichen Verfahrensweisen. Über die als „strafrechtliche Aufarbeitung von DDR-Unrecht" ausgegebene strafrechtliche Verfolgung von zahlreichen DDR-Juristen ist aus unterschiedlicher Sicht viel geschrieben worden. Noch völlig ausgeblendet blieben die bei diesem Vorgang auftretenden, für die rechtsvergleichende wissenschaftliche Untersuchung aufschlußreichen Unterschiede der strafverfahrensrechtlichen Prinzipien und Praxis.

Von besonderer und gewichtiger Bedeutung ist dabei das **Beweisrecht.**

In diesem Beitrag soll – unter dem Gesichtspunkt der Unterschiedlichkeit – der Gegenstand des Beweisrechts und seine praktische Handhabung in den beiden Rechtsordnungen und Justizsystemen betrachtet werden.

Was DDR-Juristen von der Praxis des bundesdeutschen Beweisrechts vor bundesdeutschen Gerichten erlebten, weitgehend nachlesbar in den abgesetzten schriftlich vorliegenden Urteilsgründen, erschien ihnen nicht nur fremd und kaum nachvollziehbar, sondern vielfach – und zwar durchaus begründet – unvertretbar, ja *unerträglich.*

In der Tat ist das Beweisrecht in den beiden Rechtsordnungen, der der DDR und der der Bundesrepublik, *grundverschieden,* was indessen bisher, so weit ich es übersehe, noch niemals thematisiert wurde. Deshalb ist es hohe Zeit, zu diesem Gegenstand erste Überlegungen und Beobachtungen kundzutun.

2) In der Hauptüberschrift dieses Beitrages wurden absichtsvoll zwei Begriffe verwendet: *Beweisaufnahme und Beweisführung. Beweisaufnahme* ist ein Begriff, der in beiden Rechtsordnungen anzutreffen ist und sich auf die gerichtliche *Hauptverhandlung* bezieht. Der Begriff der *Beweisführung* spielte als solcher nur im Strafprozeßrecht der DDR ernstlich eine Rolle, und zwar eine ganz wichtige Rolle. Der Begriff der Beweisführung und der der Beweisführungspflicht ist nämlich nach dem Strafprozeßrecht der DDR ein ganz zentraler. Bereits im § 2 der StPO/DDR, im ersten die Grundsatzbestimmungen enthaltenden Kapitel ist die *Beweisführungspflicht* der zuständigen Justizbehörden geregelt.

Im § 8 dieses Gesetzes, der die Überschrift trägt „Feststellung der Wahrheit", war diesen Behörden der gesetzliche Auftrag erteilt, die Wahrheit der strafrechtlich relevanten Tatsachen festzustellen. Der diesen Grundsatz präzisierende § 22 StPO (im Kapitel zwei, das die allgemeinen Bestimmungen für das Ermittlungsverfahren und das gerichtliche Verfahren enthält) trägt dem gemäß die Überschrift „Beweisführungspflicht". Dem Beschuldigten bzw. Angeklagten durfte die Beweisführung, in § 8 Abs. 2 StPO ausdrücklich bestimmt, nicht auferlegt werden. Die Vorschrift des § 22 StPO bestimmte die ausdrückliche Verpflichtung des Gerichts, der Staatsanwaltschaft und der Untersuchungsorgane, alle erforderlichen Tatsachen wahrheitsgemäß festzustellen. Diese Verpflichtung der zuständigen Behörden wird dann für die einzelnen Stadien präzisiert, so in § 101 StPO für das Ermittlungsverfahren und im § 222 StPO, der die Überschrift trägt

„Inhalt und Umfang der Beweisaufnahme“, für das gerichtliche Verfahren.

In diesen Vorschriften findet sich nicht nur die verpflichtende Aufgabenstellung zur Beweisführung, sondern auch eine inhaltliche Kennzeichnung dieser: Dort wird den betreffenden zuständigen Behörden die Aufgabe gestellt, die (materielle und objektive) *Wahrheit* als unabdingbare Grundlage einer gerechten strafgerichtlichen Entscheidung *festzustellen*. Denn ohne Wahrspruch des Gerichts kann es keine gerechte Entscheidung geben.

In der später noch zu behandelnden Richtlinie des Plenums des Obersten Gerichts der DDR zu Fragen der gerichtlichen Beweisaufnahme und Wahrheitsfindung im sozialistischen Strafprozeß – Beweisrichtlinie – vom 15. Juni 1988 heißt es in der Präambel: „Wahre Feststellungen sind die Voraussetzung dafür, daß jeder Schuldige, aber kein Unschuldiger strafrechtlich zur Verantwortung gezogen wird.“ Nach langjähriger Erfahrung eines DDR-Richters war in seiner Praxis die Feststellung der Wahrheit die zentrale Aufgabe im Strafverfahren. Denn nur auf der Grundlage der Feststellung der Wahrheit könne der strafrechtlich relevante Sachverhalt zutreffend unter den gesetzlichen Straftatbestand subsumiert, könne dem Angeklagten das Gefühl von Gerechtigkeit vermittelt und schließlich in der Gesellschaft die Bereitschaft zu aktiver Kriminalitätsvorbeugung geweckt werden.

Der Begriff der Beweisaufnahme in der Hauptverhandlung ist nach dem Prozeßrecht der DDR dem zentralen übergreifenden Begriff der Beweisführung untergeordnet.

3) Demgegenüber ist das *bundesdeutsche* Beweisrecht, das dem traditionellen deutschen Strafprozeßrecht folgt, stärker *formell* ausgerichtet, wodurch der Eindruck entstehen kann, daß es besonders präzise, besonders „rechtsstaatlich“ sei. Aber die Inhalte und Gegenstände des Beweises, des Beweisens und der Beweisführung bleiben dahinter zurück und gehen – schon in der Gesetzgebung, erst recht in der justiziellen Praxis – verloren.

Im Abs. 2 des § 244 StPO, also an untergeordneter Stelle, findet sich eine Formulierung dahingehend, daß die Beweisaufnahme (in der Hauptverhandlung) von Amts wegen „zur Erforschung der Wahrheit" auf alle entscheidungserheblichen Tatsachen und Beweismittel zu *„erstrecken"* ist.

Zwar soll dies „zur Erforschung der Wahrheit" dienen. Es ist aber nicht zu übersehen, daß das Gesetz dem Gericht *nicht* die Aufgabe stellt, die Wahrheit festzustellen. Die Feststellung der Wahrheit ist nach dem bundesdeutschen Strafprozeßrecht *kein gesetzlich vorgegebener Auftrag.* Auch wenn im Gesetz auf die Erforschung der Wahrheit hingewiesen wird, enthält die genannte Vorschrift – grammatikalisch eindeutig nachvollziehbar – die Aussage, die Beweisaufnahme auf alle entscheidungserheblichen Tatsachen und Beweismittel zu *erstrecken.* Das Gesetz betrifft also – als Gegenstand seiner Aussage – die *Reichweite und den Umfang der Beweisaufnahme.*

Dem gemäß verlangt die Aufklärung von Amts wegen lediglich, die in Betracht kommenden Beweismittel in „rechtlich unanfechtbarer Weise" in die Hauptverhandlung einzuführen. Mehr nicht! Eine gesetzliche Vorschrift, einen gesetzlichen Auftrag, die Wahrheit zu erforschen, kennt das bundesdeutsche Strafprozeßrecht nicht.

Übrigens lautete die Vorschrift des § 244 Abs. 2 StPO bis zum Jahre 1950 auch in der Bundesrepublik noch anders, nämlich: „Das Gericht hat von Amts wegen alles zu tun, was zur Erforschung der Wahrheit notwendig ist." In dieser – früheren – bundesdeutschen Vorschrift hatte die Erforschung der Wahrheit als Aufgabenstellung für das Gericht, jedenfalls in der Formulierung des Gesetzes, noch einen anderen Stellenwert.

Eine Aufklärungspflicht des bundesdeutschen Gerichts setzt erst ein, wenn die Umstände unter Berücksichtigung der Sachlage, einschließlich der Akten, „dazu drängen" oder „nahe legen", von einem bestimmten Beweismittel Gebrauch zu machen. Die gesetzliche Aufklärungspflicht des § 244 Abs. 2 StPO ist somit auf die *Nutzung bestimmter Beweismittel* ausgerichtet, beschränkt, auf die die Aufklärung zu „erstrecken" ist.

Dem gemäß steht im weiteren im bundesdeutschen Strafprozeßrecht, wie in der Praxis der Strafverfahren, das Beweis*antragsrecht* im Vordergrund, was insbesondere für die Tätigkeit der Verteidigung außerordentliche Bedeutung hat. Über Beweisanträge der Parteien ist zu entscheiden. Eine Ablehnung des Beweisantrages durch Gerichtsbeschluß ist nur unter den gesetzlichen Voraussetzungen des § 244 StGB zulässig und bedarf einer entsprechenden Begründung.

Das Gericht erhebt nur die Beweise, die es nach seiner vorläufigen Beurteilung der Sache aufgrund der Anklage für erforderlich hält. Das sind grundsätzlich die belastenden Beweise. Weitere Beweise, namentlich die entlastenden Beweise, müssen in der Regel durch einen förmlichen Beweisantrag eingeführt werden. Das sogenannte Beweisantragsrecht ist im § 244 Abs. 3 folg. StPO geregelt. Es muß ein förmlicher Beweisantrag gestellt werden, der die zu beweisende Tatsache behauptet und das zum Beweise dieser Tatsache vorgesehene Beweismittel (z. B. eine Zeugenaussage) angibt. Abgesehen von den unzulässigen Beweisanträgen, die abgelehnt werden *müssen*, darf das Gericht Beweisanträge unter bestimmten gesetzlichen Voraussetzungen durch Gerichtsbeschluß ablehnen.

Die Richter haben genügend gelernt, wie, mit welchen Begründungen „lästige“ Beweise und Beweisanträge revisionssicher abgewendet werden. Zu solchen Begründungen gehört die Behauptung der Offenkundigkeit und der Bedeutungslosigkeit der Beweistatsache, der Ungeeignetheit oder Unerreichbarkeit des Beweismittels sowie der Grund der Prozeßverschleppung. In all diesen Fällen trifft das Gericht – nach entsprechender Auslegung des Beweisantrages – Ermessensentscheidungen, in denen die Auffassung, das Vorverständnis oder das Vorurteil des Gerichts zum Ausdruck kommt. In betreffenden Verfahren hatte das Gericht des öfteren eine andere Ansicht über die Bedeutungslosigkeit oder die angebliche Offenkundigkeit der betreffenden Beweistatsache als die Angeklagten und die Verteidigung. Aber kraft ihrer Richtermacht haben die Gerichte die an sich gebotene Beweiserhebung abgeblockt und sich dadurch beweisrechtlich die Grundlage für die angestrebte Verurteilung geschaffen.

Beweisanregungen und Beweisermittlungsanträge stehen „unterhalb“ der Beweisanträge und können daher ohne entsprechenden Beschluß negiert bzw. mißachtet werden, sogar wenn sie – nach Ansicht des Gerichts – lediglich in die Form eines Beweisantrages „gekleidet" seien, das Gericht aber meint, daß der betreffende Beweisantrag nur ein zum Schein gestellter Beweisantrag sei!

4) Das Kernstück des Beweisrechts nach dem bundesdeutschen Strafrecht ist der Grundsatz der *freien Beweiswürdigung* gemäß § 261 StPO. Diese Vorschrift war ursprünglich gegen aus dem Mittelalter überkommene formale Beweisregeln gerichtet und befreite die Richter von der Bindung an solche formellen Beweisregeln. Inzwischen aber ist diese Vorschrift zu einer kaum einer Überprüfung und Kontrolle zugänglichen richterlichen Freiheit der Beweiswürdigung mutiert, die auch im Revisionsverfahren *nicht überprüft* werden kann.

Der Zusammenhang – besser das Zusammenspiel – von Aufklärungspflicht gemäß § 244 Abs. 2 StPO und freier Beweiswürdigung gemäß § 261 StPO stellt sich folgendermaßen dar: Wenn das Gericht (selbst) ohne Vorbehalt von einem bestimmten Sachverhalt überzeugt ist, liegen ihm weitere Beweiserhebungen fern. Wenn dann – seitens der Verteidigung – Beweisanträge gestellt werden, muß das Gericht über diese entscheiden, wobei es davon ausgehen wird (da es von einem bestimmten Sachverhalt bereits überzeugt ist), daß diese nicht benötigt werden, so daß das Gericht nur noch einen gesetzlichen Grund gemäß § 244 StPO finden muß, sie abzulehnen. Die Rüge (sog. Aufklärungsrüge), der Richter hätte – ohne weitere Beweiserhebung – (noch) nicht von dem betreffenden Sachverhalt überzeugt sein dürfen, geht (im Revisionsverfahren) angesichts der freien Beweiswürdigung gemäß § 261 StPO fehl; sie bleibt regelmäßig erfolglos.

Diese *richterliche Freiheit der Beweiswürdigung* ist von der Wissenschaft augenscheinlich relativ wenig bearbeitet und untersucht worden, offensichtlich deshalb, weil die freie Beweiswürdigung die Domäne des Strafrichters ist – ganz so wie die Strafzumessung, die dem Richter zusteht, über Jahrzehnte von der wissenschaftlichen Untersuchung ausgespart blieb.

Die Konstruktion und Konzeption des bundesdeutschen Beweisrechts muß darüber hinaus im Zusammenhang mit dem bundesdeutschen *Revisionsrecht* und seiner Praxis sowie auch dem Umstand gesehen werden, daß in den Hauptverhandlungen, jedenfalls vor dem Landgericht und Oberlandesgerichten, gemäß § 273 StPO *kein Wortprotokoll* geführt wird.

In der DDR gab es aus guten Gründen aufgrund der Erfahrungen mit dem früheren deutschen Prozeß- und insbesondere *Revisionsrecht* seit 1952, dem Erlaß der ersten Strafprozeßordnung der DDR, das Rechtsmittel der Revision *nicht mehr*; gegen Urteile stand dem Angeklagten das Rechtsmittel der Berufung, dem Staatsanwalt das des Protestes zu. In einer erneuten Hauptverhandlung vor dem Rechtsmittelgericht konnten – anders als im Revisionsverfahren – ohne förmliche Beschränkung Rechts- und Tatfragen verhandelt und überprüft werden. Ein *Wortprotokoll* wurde in der DDR in *allen* gerichtlichen Hauptverhandlungen vor allen Gerichten geführt. Sein Inhalt war im Rechtsmittelverfahren – zusammen mit allen anderen Unterlagen – Gegenstand der Überprüfung.

Nur in diesem Gesamtkontext ist die Problematik des bundesdeutschen Beweisrechts erfassbar.

Die freie Beweiswürdigung durch den Tatrichter selbst ist – wie bereits betont – dem Revisionsgericht grundsätzlich nicht zugänglich. Sie interessiert nur unter dem Aspekt der *Grenzen* der freien Beweiswürdigung, der *Begrenzung* derselben, also z. B. unter dem Gesichtspunkt, ob das Gericht noch weitere Beweise hätte erheben müssen. Ob die tatrichterliche Beweiswürdigung zutreffend ist, ob sie also dem Gebot der Wahrheitserforschung entspricht, wird vom Revisionsgericht grundsätzlich *nicht* überprüft. Das ist alles nicht zufällig.

5) Dem bundesdeutschen bzw. traditionellen deutschen Beweisrecht liegt nämlich erkenntnistheoretisch ein *agnostizistisches* Prinzip zugrunde: die objektive Wahrheit zu erkennen, sei dem Menschen letztlich verschlossen. Daraus folgt und dem entspricht dann auch, daß für die Überzeugungsbildung des Richters eine *ihm genügende hinreichende Wahrscheinlichkeit* ausreicht. Auch dem Revisionsgericht genügt das Feststellen

eines subjektiven Für-wahr-Haltens des Tatrichters. Und ein solches subjektives Für-wahr-Halten kann grundsätzlich nicht überprüfbar sein.

Übrigens verhält es sich in der bundesdeutsche Strafjustiz (was die DDR-Juristen erst „lernen" mußten) ähnlich mit dem rechtsstaatlichen und menschenrechtlichen Prinzip des „in dubio pro reo", daß also im Zweifel zugunsten des Angeklagten zu erkennen sei. Denn in der bundesdeutschen Strafjustiz kommt es nur darauf an, ob *für den erkennenden Richter ein Zweifel* besteht. Wenn er keine Zweifel hatte, gilt der Grundsatz „in dubio pro reo" nicht.

Besonders kraß zeigt sich dieser die bundesdeutsche Rechtsprechung beherrschende *Subjektivismus* in *politischen* Strafverfahren und solchen mit politischem Hintergrund. Bei NS-Juristen hatten die bundesdeutschen Gerichte letztendlich durchweg keinen Zweifel, daß diesen NS-Juristen der direkte Rechtsbeugungsvorsatz gefehlt hatte.

Natürlich darf die Schwierigkeit des menschlichen Erkenntnisprozesses im allgemeinen und im besonderen, so auch im Strafverfahren, nicht unterschätzt werden. Aber es ist schon ein gravierender Unterschied, ob letztlich ein *agnostizistisches* Prinzip hinter der justiziellen Praxis steht und der Vorgang des Erkennens der Wahrheit auf das subjektive Erkennen durch den einzelnen Richter abgestellt wird, oder ob demgegenüber, wie in der DDR, von der prinzipiellen *Erkennbarkeit der Welt*, also von der *Feststellbarkeit der Wahrheit* ausgegangen wird – wovon die wissenschaftlichen Erkenntnisse, besonders die naturwissenschaftlichen und medizinischen Erkenntnisse der letzten Jahrzehnte, im allgemeinen und in der forensischen Praxis im besonderen, überzeugendes Zeugnis ablegen.

Entsprechend diesem letztgenannten erkenntnistheoretischen Zugang, dem der prinzipiellen Erkennbarkeit der Welt und damit der Feststellbarkeit der Wahrheit, wurde in der DDR den Strafverfolgungsbehörden, besonders den Gerichten – wie bereits oben ausgeführt –, der *gesetzliche Auftrag* erteilt, im Strafverfahren hinsichtlich des Tatgeschehens die *objektive Wahrheit* zu erforschen und festzustellen. Wahrheit ist danach eine *objektive Eigenschaft* der vorgenannten *Erkenntnisse,* die strafrechtlich relevanten Tatsachen bzw. Tatumständen *adäquat widerzuspiegeln.* Es wird also – im Gegensatz zu der bundesdeutschen beweisrechtlichen Konzeption und Praxis – eine materialistische Grundposition der Anerkennung der Objektivität der Wahrheit zu Grunde gelegt. Deshalb wies Marx darauf hin, daß „zur Wahrheit ... nicht nur das Resultat (gehört), sondern auch der Weg. Die Untersuchung der Wahrheit muß selbst wahr sein, die wahre Untersuchung ist die entfaltete Wahrheit, deren auseinandergestreute Glieder sich im Resultat zusammenfassen."

6) In jedem Strafverfahren geht es (dann schließlich in der Hauptverhandlung) um die *Rekonstruktion* des in der *Vergangenheit* liegenden realen *Tatgeschehens,* an dem weder die Ermittlungsbehörden bzw. die Kriminalpolizei, noch die Staatsanwaltschaft noch das Gericht teilnahmen oder dieses nur hatten wahrnehmen können, also des der strafrechtlichen Entscheidung zugrundezulegenden tatsächlichen Sachverhalts, und zwar mit Hilfe von – gesetzlich zulässigen – Beweismitteln.

Bei relativ überschaubaren Vorgängen und wenn genügend objektive Beweismittel, womöglich ergänzt durch ein Gutachten eines Sachverständigen, vorliegen, ist es auch dem bundesdeutschen Richter in der Regel möglich, die materielle objektive Wahrheit zu erkennen. Auf der Grundlage solcher Beweismittel wird der äußere Vorgang, z. B. eines Verkehrsunfallgeschehens (auf der Grundlage festgestellter Geschwindigkeiten, Fahrtrichtung und Aufprallstelle usw.) unzweideutig festgestellt werden können. Wenn dann auch noch die verkehrsrechtlichen Tatsachen (z. B. Vorfahrt, Geschwindigkeitsüberschreitung usw.) ebenso eindeutig feststellbar sind, bleibt für eine „freie" Beweiswürdigung kein großer Spielraum, zumal bei festgestellter Verkehrsordnungswidrigkeit grundsätzlich zumindest von Fahrlässigkeit ausgegangen werden kann.

Eigentlich gilt solches auch in Fällen des gegen DDR-Staatsanwälte und -Richter seitens der bundesdeutschen Strafverfolgungsbehörden erhobenen Tatvorwurfs der *Rechtsbeugung.* Denn eine Rechtsbeugung im Sinne eines direkten Verstoßes gegen das geschriebene Recht gemäß § 244 StGB/DDR läßt sich „eigentlich" ganz eindeutig feststellen. Und so hätten die bundesdeutschen Strafrichter, wenn schon die Staatsanwaltschaft verkannte, daß keine Rechtsbeugung vorlag, in diesen Strafverfahren gegen DDR-Staatsanwälte und DDR-Richter regelmäßig auf Freispruch erkennen müssen.

Tatsache ist auch, daß die bundesdeutschen Gerichte fast niemals eine Rechtsbeugung in Gestalt eines direkten Verstoßes gegen das materielle oder das Prozeßrecht der DDR haben feststellen können. Zu der politisch gewünschten Verurteilung kamen sie ganz überwiegend nur dadurch, daß sie die von den DDR-Staatsanwälten beantragten und von den DDR-Richtern verhängten Strafen für „überhöht" hielten.

Erkennbar bewegten sich in diesen Verfahren die bundesdeutschen Staatsanwälte und Richter im Bereich der „freien" Beweiswürdigung, wobei sie von andersartigen entgegengesetzten subjektiven Vorstellungen von Recht und Gerechtigkeit, von der Angemessenheit der betreffenden Strafen ausgingen, als von denen, die für die DDR-Richter und -Staatsanwälte gemäß der Rechtsordnung der DDR maßgeblich und zugrundezulegen waren.

7) Hinsichtlich der freien Beweiswürdigung nach bundesdeutschem Recht ist weiterhin – worauf schon aufmerksam gemacht wurde – wesentlich, daß (jedenfalls in den Verfahren vor dem Landgericht und dem Oberlandesgericht) *keine Wortprotokolle* geführt werden und deshalb die Einlassungen von Zeugen, Angeklagten und anderen Personen vor dem erkennenden Gericht nicht objektiviert wurden, sondern unüberprüfbar und unkontrollierbar, durch die Subjektivität des Richters gebrochen, lediglich in den Urteilsgründen, in den sogenannten tatsächlichen Feststellungen, zu finden sind.

Aber, ist zu fragen: Wie haben die Richter die Worte des Sich-einlassenden akustisch (manch ein Zeuge oder Angeklagter spricht leise und undeutlich) und vor allem gedanklich verstanden? Wie haben die Richter diese Worte aufgefaßt? Wie haben sie einzelne Wendungen im Kontext der Einlassung aufgefaßt und gedeutet? Und nicht zuletzt: wie genau hatten sie diese Einlassungen bei der Absetzung des Urteils (nicht selten nach Monaten!) – eventuell aufgrund ihrer flüchtigen, zutreffenden oder nicht zutreffenden Notizen – noch in Erinnerung?

Jedenfalls kann infolge des Fehlens solcher Wortprotokolle – wie auch des Fehlens von elektronischen Aufzeichnungen (Tonbandaufnahmen) – später überhaupt nicht mehr überprüft werden, was der betreffende Angeklagte oder Zeuge in der Beweisaufnahme tatsächlich erklärt hat. Aber das, was die Richter meinen, was gesagt worden sei, steht als „tatsächliche Feststellung" in den Urteilsgründen unverrückbar und unangreifbar fest.

Vielfältige Erfahrungen von Strafverteidigern besagen, daß sich die Einlassungen von Angeklagten und Zeugen in den gerichtlichen „tatsächlichen Feststellungen" des öfteren unvollständig, entstellt oder schlicht falsch wiederfinden. Nicht nur Strafverteidiger wissen: Die nicht mehr angreifbaren tatsächlichen Feststellungen der Tatgerichte sind vielfach objektiv falsch, also unwahr. Im übrigen gilt für die Beweiswürdigung durch den Tatrichter gemäß § 261 StGO, daß dieser über das Ergebnis der Beweisaufnahme „nach seiner freien, aus dem Inbegriff (?!) der Verhandlungen geschöpften Überzeugung" entscheidet.

Wo objektive Beweismittel fehlen, es also auf die subjektiven Beweismittel, die subjektive *Deutung*, auch die subjektive Deutung der Glaubwürdigkeit der Einlassung, für die freie Beweiswürdigung ankommt, darf von der bundesdeutschen Strafjustiz nicht erwartet werden, daß die objektive Wahrheit des Tatgeschehens festgestellt wurde, daß Wahrsprüche ergehen.

In die freie Beweiswürdigung fällt auch, ob und wie bestimmte Einlassungen des Angeklagten oder von Zeugen *beurteilt* werden. Bestimmten Zeugen wird von vornherein mit besonderem Mißtrauen begegnet, ihre Glaubwürdigkeit bezweifelt und ihre Einlassungen werden als unzutreffend abgetan. Solches kann sowohl in allgemeiner forensischer und psychologischer Erfahrung begründet sein, es können aber auch politische Vorurteile durchschlagen.

Besonders auffällig war dies in einigen Verfahren, bei denen Mitarbeiter des Ministeriums für Staatssicherheit der DDR (MfS) als Zeugen vernommen werden sollten oder wurden; vielfach gingen bundesdeutsche Gerichte einfach davon aus, daß diese ohnehin keine objektiven und sachdienlichen Aussagen machen würden oder gemacht haben, so daß deren Einlassungen aufgrund dieses richterlichen Vorurteils „unter den Tisch“ fielen.

In diesen Zusammenhang gehört auch der unterschiedliche Umgang mit Indizien bzw. mit indirekten Beweisen, mit dem *Indizienbeweis.* In der Bundesrepublik finden jedenfalls sehr oft Indizienprozesse statt und beruhen die Verurteilungen mangels hinreichender direkter Beweis auf Indizien. In der DDR wurde davon ausgegangen, daß indirekte Beweise (Beweismittel) im Unterschied zu den direkten Beweisen (Beweismitteln) solche sind, die keine direkte Information über betreffende strafrechtlich relevante Umstände geben. Aus einer hinreichenden Gesamtheit von indirekten Beweisen durfte indessen, wenn eine logische Kette derartiger indirekter Beweise vorliegt, wenn die Indizienkette *lückenlos* geschlossen ist, wenn *jegliche andere Möglichkeit tatsächlich ausgeschlossen* ist, auf das Vorliegen des strafrechtlich relevanten Vorgangs geschlossen – und ggfs. verurteilt – werden. Dem gegenüber genügt im bundesdeutschen Strafprozeß aufgrund der dort herrschenden freien richterlichen Beweiswürdigung für eine Verurteilung, daß der Richter subjektiv davon überzeugt ist, daß es so war, wie er annimmt, wenn er das von ihm angenommene Tatgeschehen für wahr und zweifelsfrei hält.

Und was schließlich die Feststellung *innerer Tatsachen,* also hinsichtlich des Wissens und Wollens des Täters bzw. des Angeklagten, seiner Motive und Absichten, betrifft, so herrscht insoweit ohnehin *krasser Subjektivismus.* Der Tatrichter muß in den Urteilsgründen nicht einmal darstellen, aus welchen objektiven Tatsachen er den Schluß auf die maßgeblichen inneren Tatsachen zieht. Es genügt die schlichte Behauptung des Tatrichters, daß – nach seiner Meinung – Vorsatz oder Absicht vorgelegen haben.

Ganz in diesem Sinne wurde den wegen Rechtsbeugung verurteilten DDR-Staatsanwälten und -Richtern – aufgrund der Regelung über freie Beweiswürdigung – Rechtsbeugungsvorsatz *unterstellt,* anstatt ihnen einen solchen Rechtsbeugungsvorsatz, der regelmäßig gefehlt hat, zu beweisen, anstatt die für die Annahme eines Rechtsbeugungsvorsatzes maßgeblichen äußeren und inneren Tatsachen in justizförmiger Weise festzustellen.

Wir sehen also: Aus Sicht des bundesdeutschen Beweisrechts ist ein derartiges Unterstellen innerer Tatsachen, eines strafbaren Vorsatzes, auch eines Rechtsbeugungsvorsatzes, also nichts Besonderes. Die Freiheit der Beweiswürdigung des Tatrichters steht über der Wahrheit. Der Richter trifft die tatsächlichen Feststellungen, die seinen – des Öfteren bereits vorgefaßten – Vorstellungen von der Sache entsprechen.

8) Die Überprüfungsmöglichkeiten im Revisionsverfahren beschränken sich demzufolge darauf, daß der Tatrichter gegenüber dem Revisionsgericht *seinen Denkvorgang,* seine Denkvollzüge in den schriftlichen Urteilsgründen so darstellt, daß diese nicht als offensichtlich den Denkgesetzen zuwiderlaufend erscheint. Es genügt dabei, daß die Schlußfolgerungen des Tatrichters als möglich, wenngleich nicht als zwingend angesehen werden können. Dies spiegelt sich augenscheinlich in der Ausdrucksweise, in den Formulierungen der Urteile der Tatrichter, namentlich der Landgerichte und der Oberlandesgerichte, wider. Selbstverständlich haben die Richter gelernt, ihre (wirklichen oder vorgegebenen) Denkvollzüge so darzustellen, daß das Revisionsgericht daran keinen Anstoß nimmt. Sie haben es eben gelernt, Urteile *revisionssicher* abzusetzen.

Im Unterschied zum DDR-Strafprozeß, in dem es nur *ein* Urteil gab, das im unmittelbaren Anschluß an die Schlußvorträge in der Beratung des Gerichts vollständig schriftlich abgesetzt und von allen Richtern unterschrieben und dann sogleich verkündet wurde, ist für das bundesdeutsche Strafverfahren charakteristisch, daß zunächst das verkündete Urteil nur mündlich begründet wird und später, oft Monate später, – sofern gegen das Urteil binnen einer Woche ein Rechtsmittel eingelegt wurde – ein für höhere Instanzen geschriebenes revisionssicheres schriftliches Urteil abgesetzt und zugestellt wird. (Übrigens: Wenn kein Rechtsmittel eingelegt wurde, ist das dann zu den Akten gebrachte und zugestellte schriftliche Urteil meist sehr dürftig und oberflächlich. Die Richter müssen sich keine Mühe machen, ein Urteil schriftlich zu begründen, gegen das kein Rechtsmittel eingelegt wurde.)

Beide Urteilsgründe differieren nicht selten erheblich; die mündliche Urteilsbegründung – aus dem Stand – enthält, abgesehen von oft laxen Formulierungen, mitunter abwertende und diffamierende Äußerungen und vielfach schlichte Unterstellungen. In den schriftlichen Urteilsgründen für die höhere Instanz wird dann sorgfältiger, revisionssicher, formuliert.

Außerdem spricht man – nicht ohne Grund – auch von einer *dritten* (geheimbleibenden) Urteilsbegründung mit den wirklichen, den eigentlich maßgeblichen Urteilsgründen. Diese „dritte“ Urteilsbegründung, die eigentliche, enthält die unausgesprochenen maßgeblichen Erwägungen und Gründe des Gerichtsurteils, die im Kopf der Richter bleiben und, jedenfalls offiziell, nicht geäußert werden. Mit Wahrheitserforschung oder Feststellung der objektiven Wahrheit hat dies wenig zu tun.

Daran zeigt sich ein riesiger Unterschied gegenüber der Abfassung der Urteile in der DDR.

In der Bundesrepublik werden die Urteile *für höhere Instanzen*, insbesondere für das *Revisionsgericht*, geschrieben; diese höheren Richter sind die Adressaten der Urteile. Daher sind solche Urteile für juristische Laien auch kaum verständlich. Und es ist ja auch für die bundesdeutsche Justiz völlig belanglos, ob der Angeklagte das Urteil versteht oder nicht. Demgegenüber wurden die Urteile *in der DDR für den Angeklagten und die Öffentlichkeit* geschrieben. Sie waren daher weniger juristisch klausuliert formuliert.

So wie die Urteile in der Bundesrepublik mit Blick auf die höhere Instanz, also mit „Blick nach oben“, abgefaßt, abgesetzt werden, orientiert sich – nachvollziehbar – die gesamte Rechtsprechung (und bereits die juristische Ausbildung) maßgeblich an der höchstrichterlichen Rechtsprechung, an der „herrschenden Meinung". Das gilt sowohl im Straf- wie auch im Zivilrecht. Es erscheint daher nicht abwegig, – mit Brehm in der Festschrift für Ekkehard Schumann – davon zu sprechen, daß „der Richter der unteren Instanzen nicht die Frage (stellt), was Recht ist, ... sondern fragt, ob sein Urteil in der oberen Instanz halten wird ... Das bedeutet, daß es die Rolle des" – unabhängigen! – „Richters verläßt und wie ein untergeordneter Beamter handelt, den vorrangig interessiert, was wohl der Vorgesetzte denkt ...", so daß von *Beamtengerichten* zu sprechen sei ...

9) Aufgrund des vorstehend Dargestellten geht es bei der gegen betreffende Urteile eingelegten Revision ganz wesentlich um *Verfahrensrügen*, insbesondere um Aufklärungsrügen oder Rügen fehlerhafter Behandlung von Beweisanträgen usw., also überhaupt nicht direkt um die Frage, inwieweit das angegriffene Urteil auf wahren oder unwahren Tatsachenfeststellungen beruht, ob es sachlich richtig oder falsch ist. Das ist, wie bereits betont, mit der Revision nicht angreifbar und bleibt im Revisionsverfahren unbeachtet, was sowohl für DDR-Juristen wie auch für juristische Laien nicht nachvollziehbar ist.

Weiter: Als eine sichere Erfahrung darf angesehen werden, daß Beweisanträge der Verteidigung (Beweisanträge der Staatsanwaltschaft in der Hauptverhandlung sind ohnehin ganz selten) von den Gerichten nach allen Regeln der Kunst möglichst abgelehnt werden, damit das Gericht sich nicht mit den unter Beweis gestellten Tatsachen und den dazu angebotenen Beweismitteln im Urteil auseinandersetzen muß. Es genügt und ist dem Gericht genehmer, Beweisanträge in einer Art und Weise der Begründung abzulehnen, die vom Revisionsgericht voraussichtlich akzeptiert wird. Dazu gehört vor allem die Behauptung der Bedeutungslosigkeit des angebotenen Beweises, die behauptete Unerreichbarkeit von Zeugen oder Beweismitteln, sowie die – für das Gericht mitunter gefährliche – Wahrunterstellung, wodurch vermieden und ausgeschlossen wird, daß das betreffende Beweismittel vor Gericht gebracht werden bzw. der betreffende Zeuge gehört werden muß. Auch die Ablehnung von Beweisanträgen mit revisionsrechtlich nicht zu beanstandenden Begründungen haben die bundesdeutschen Richter gelernt, was überdeutlich an der floskelhaften Verwendung bestimmter Stereotype in den betreffenden Gerichtsbeschlüssen abzulesen ist. Besonders leicht fällt den Gerichten die Ablehnung von Beweisanträgen, wenn diesen ein formeller Mangel anhaftet. *Der formelle Mangel eines Beweisantrages siegt im bundesdeutschen Strafprozeß über die Wahrheit, über das Erfordernis der Feststellung der Wahrheit.*

Jedenfalls zeigt sich sehr deutlich: Wenn das Gericht ein gewisses Beweisthema oder gewisse Beweismittel nicht haben, nicht in die Beweisaufnahme einführen möchte, überbürdet es der Verteidigung die Beweislast, indem es die Verteidigung nötigt, Beweisanträge zu stellen. Wir sehen hier eine gewisse Ähnlichkeit zum bundesdeutschen Zivilprozeß, wo die beweispflichtige Partei die Beweislast trägt und im Falle der Unfähigkeit der Beweisführung *allein aus diesem Grunde* unterliegt, also nicht aus substanziellen Gründen des Rechtsstreites, – übrigens auch im krassen Gegensatz zum DDR-Zivilprozeß, wo das Gericht verpflichtet war, die Wahrheit festzustellen.

Besonderer Raum für subjektive Deutungen findet sich dort, wo größere komplexere Tatsachen zu würdigen sind, und zwar ganz besonders bei politischem, sozialem und historischem Hintergrund des Tatgeschehens. Hier kommt dann des öfteren noch die entgegengesetzte Auffassung des Gerichts und der Staatsanwaltschaft einerseits und die des Angeklagten hinzu.

10) Das *Vorurteil* der Gerichte gegenüber betreffenden Angeklagten (z. B. Kommunisten oder ihnen Nahestehende oder DDR-Bürger) ist unübersehbar. Die Vorurteile von Richtern, die Vorverurteilung des Angeklagten, ist des öfteren – keineswegs nur in politischen Strafsachen oder solchen mit politischem Einschlag – so offensichtlich, daß die ganze Hauptverhandlung, da das Urteil augenscheinlich bereits feststeht, nur noch als Theater, *als Farce* erscheint.

Mitunter sind Äußerungen von Richtern in diesem Sinne verräterisch, so wenn ein Vorsitzender einer großen Strafkammer des Landgerichts Berlin in einem Strafverfahren gegen DDR-Hoheitsträger erklärte: „Wir wollten verurteilen, und wir haben verurteilt!“

Aber nach den bundesdeutschen Vorschriften und Praktiken ist eine derartige Voreingenommenheit von Richtern nicht ernstlich angreifbar – auch nicht mit Befangenheitsanträgen.

Diese Richter bleiben trotz entsprechender Befangenheitsanträge regelmäßig auf ihrem Richterstuhl und verurteilen den Angeklagten, in dem sie einen politischen Gegner sehen, erbarmungslos.

11) Nicht zuletzt darf im Hinblick auf die Frage der Beweisführung und die Erforschung der Wahrheit nicht übersehen werden, daß in deutlichem Unterschied zur DDR die kriminalistische, namentlich kriminaltechnische Arbeit, insbesondere auch die kriminalistische Arbeit am Tatort, die Spurensuche und -sicherung nach den Grundsätzen der Trassologie (Spurenkunde) und die kriminalistische Kleinarbeit, auch unter dem Aspekt des modus operandi, die gebotenen Maßnahmen zur Beweissicherung (zur Sicherung von Beweismitteln) in der Bundesrepublik sehr häufig *unzureichend und mangelhaft* ist. Anschaulich zeigte sich dieser Unterschied, als Ende 1990 und im Jahre 1991 von den Untersuchungsorganen der DDR noch nicht abgeschlossene Vorgänge von bundesdeutschen Strafverfolgungsbehörden weiterzuführen waren. Sie fanden gerade auch in kriminalistischer Hinsicht gründlich bearbeitete Vorgänge vor und waren erstaunt über die sorgfältigen Schlußberichte der Untersuchungsorgane der DDR. Eine Staatsanwältin erklärte mir gegenüber anerkennend: „Ihre Kriminalisten müssen aber viel Zeit gehabt haben!"

Dem gegenüber ist heutzutage nur zu oft kriminalistisch unzureichende Arbeit, so gerade auch ungenügende Tatortarbeit, fehlende Beweissicherung und ähnliche „kriminalistische Schlamperei" zu beobachten. Die Folge sind mitunter unbegründete Freisprüche oder Verurteilungen ohne genügende objektive Beweise, mehr aufgrund der allgemeinen Intuition des Richters.

Das alles ist nicht zufällig.

In der DDR stand bereits in den 50er Jahren die kriminalistische Ausbildung, auch von Staatsanwälten und Richtern, hoch im Kurse. An der Offiziersschule in Aschersleben erhielten die künftigen Kriminalisten eine gediegene Ausbildung; Staatsanwälte der DDR waren des öfteren in dieser Bildungsstätte zum Zwecke der Fortbildung auf dem Gebiete der Kriminalistik. An der Humboldt-Universität zu Berlin bestand bereits in den 50er Jahren ein *Kriminalistisches Institut,* aus dem sich später eine Fachrichtung Kriminalistik und dann eine eigenständige Sektion bzw. Fakultät Kriminalistik mit Außenstellen an anderen juristischen Fakultäten herausbildete. Namentlich in Berlin und Jena, wo Justizjuristen ausgebildet wurden, gehörte das Fach „Kriminalistik" nach dem Studienplan zum *obligatorischen Bestand* der juristischen Ausbildung.

Das war – auch im Vergleich zur Bundesrepublik – einmalig. Deshalb wurde von bundesdeutschen Fachleuten die Ansicht vertreten, dieses Unikat auch nach dem Beitritt der DDR, nunmehr für die Bundesrepublik, zu erhalten. Daß dies jeglicher Vernunft zuwider nicht geschah, daß vielmehr diese Kriminalistik alsbald „abgewickelt" wurde, hatte ausschließlich politische Gründe. Es war natürlich und selbstverständlich, daß die Sektion Kriminalistik der Humboldt-Universität – wie *alle* Forschungs- und Lehrstätten in der DDR – enge Verbindung zur jeweiligen Praxis hielt, also zu den unter Aufsicht des Staatsanwalts handelnden Untersuchungsorganen der DDR gemäß § 88 Abs. 2 StPO/DDR, auch zu denen des Ministeriums für Staatssicherheit. Nur wegen dieser „Verquickung" – also nur aus politischen Gründen – mußte die Sektion Kriminalistik, und damit eine für die Kriminalitätsbekämpfung wertvolle Lehr- und Forschungsstätte, beseitigt werden – mit Folgen, die wir heutzutage in den Strafverfahren tagtäglich beobachten können.

12) Auf noch einen Gesichtspunkt, der für die Erforschung der Wahrheit vor Gericht bedeutsam ist, muß hingewiesen werden. Es bedarf keiner näheren Begründung, daß die zuverlässige Feststellung des Tatgeschehens um so schwieriger wird, je größer der *zeitliche Abstand* zwischen der Tat und der Beweisaufnahme in der maßgeblichen gerichtlichen Hauptverhandlung ist. In der DDR wurden nicht nur die Ermittlungen zügig durchgeführt und innerhalb entsprechender gesetzlicher Fristen (§ 103 StPO/DDR) zum Abschluß gebracht, auch die gerichtlichen Strafverfahren lagen innerhalb der gesetzlichen Fristen (§ 203 Abs. 3 StPO/DDR).

Daher war es auch aus diesem Grunde eher möglich, die Wahrheit festzustellen als heutzutage, wo oft Jahre vergehen, bis über den Tatvorwurf vor Gericht verhandelt wird und deshalb gar nicht so selten auch eine Verletzung des Menschenrechts auf Einhaltung einer angemessenen Frist (Art. 6 Abs.1 EMRK) zu rügen ist. (Daß, wie bei den gegen Ausländer verübten Verbrechen in Rostock-Lichtenhagen, *acht* Jahre ins Land gingen, bis die gerichtliche Verhandlung – mit entsprechenden uns durch die Medien zur Kenntnis gebrachten Schwierigkeiten – stattfand, wäre in der DDR absolut ausgeschlossen gewesen.)

Auch folgender offensichtlicher Unterschied in Gesetzgebung und Praxis des Strafverfahrens hat seine Bedeutung und Auswirkung auf die Erforschung der Wahrheit: In der DDR hatte das Untersuchungsorgan unter der Aufsicht des Staatsanwalts und unter seiner Kontrolle in hohem Masse eigenverantwortlich zu arbeiten, wobei die am Straftatbestand orientierte Ermittlungstätigkeit maßgebend war; umgekehrt verlangte und erwartete der Staatsanwalt vom Untersuchungsorgan eine *vollständige Aufklärung* des Falles. Daß schwere Verbrechen unaufgeklärt blieben, wurde in der DDR nicht geduldet. Mit aller kriminalistischen Meisterschaft und unter Konzentration aller verfügbaren Kräfte wurde schließlich ganz überwiegend eine zuverlässige Aufdeckung und Aufklärung besonders der schweren Verbrechen gewährleistet. Die heute so oft zu erlebende Praxis, daß die Kriminalpolizei dem Staatsanwalt einen Schlußbericht vorlegt, in dem vieles offen bleibt, war in der DDR unvorstellbar.

Aufgrund der guten Arbeit der Untersuchungsorgane konnte der Staatsanwalt in der DDR in aller Regel auch hieb- und stichfeste Anklagen erheben. *Freisprüche* waren aus all diesen Gründen *in der DDR ganz selten*, ganz im Gegensatz zu der schon früher und auch heute in der Bundesrepublik zu machenden Erfahrung. Der geringe Anteil an Freisprüchen in der DDR hatte – wie uns heutzutage deutlich wird – seinen Grund in der guten und sorgfältigen Arbeit der Untersuchungsorgane und der Staatsanwaltschaft der DDR. Umgekehrt erklärt sich der größere Anteil von Freisprüchen in der Bundesrepublik, wie wir so oft erlebten und erfahren, darin, daß die Ermittlungen mangelhaft waren und vieles offen ließen.

Nicht wenige Anklagen stehen heute – ganz im Unterschied zur DDR – auf tönernen Füßen. Nicht nur von der Staatsanwaltschaft vorbereitete vorformulierte Strafbefehle erscheinen heutzutage in aller Regel als „Angebote" einer einfachen Verfahrenserledigung ohne Hauptverhandlung an den Angeklagten; er kann ja Einspruch einlegen. Auch Anklagen sehen des öfteren so aus, als wolle die Staatsanwaltschaft, auch um ihre „Reste aufzuarbeiten", einen „Versuchsballon" starten; vielleicht nimmt das Gericht die Sache an und womöglich verläuft die Hauptverhandlung bei einem nicht verteidigten Angeklagten erwartungsgemäß.

13) Am krassesten zeigt sich der offene Verzicht auf die Erforschung bzw. Feststellung der Wahrheit im bundesdeutschen Strafverfahren in der zunehmend verbreiteten, auf keiner gesetzlichen Grundlage geübten Praxis des *deals*, eines „Handels mit der Gerechtigkeit". Nach wie vor kennt die bundesdeutsche Strafprozeßordnung keine gesetzliche Grundlage für diese inzwischen auch vom BGH anerkannte und sanktionierte verbreitete Praxis – auch wenn sie mitunter auf § 153 a StPO, also eine Verfahrenseinstellung mit „Gegenleistung" „gestützt", wird.

Der „deal" im Strafprozeß kam vor Jahrzehnten aus den USA in die Bundesrepublik, anfangs unter vielfältiger Kritik; inzwischen ist er salonfähig. Der „deal" begann seinen Lauf in der bundesdeutschen Strafprozeßpraxis bei umfänglichen Wirtschaftsstrafverfahren. Aufgrund mangelhafter Ermittlungstätigkeit und angesichts guter (auch gutbezahlter) Verteidiger hatte die Anklagebehörde in der Hauptverhandlung einen schlechten Stand und ihre Schwierigkeiten mit der Vertretung der Anklage. Die Verfahren zogen sich hin. Auch weil diese Angeklagten im Unterschied zu den gewöhnlichen kriminellen Angeklagten ihrem sozialen Status nach dem Gericht und dem Staatsanwalt nahestanden, bot die Staatsanwaltschaft eine Verständigung über die weitere Verfahrensweise, ein „agreement", einen „deal" an, der je nach dem Stand des Verfahrens und der Beweislage mehr oder weniger weites Entgegenkommen signalisierte.

Dem Typus nach wurde angeboten: Wenn der angeklagte Wirtschaftsmanager ein bestimmtes Teilgeständnis abgab, werde die Anklage demgemäß reduziert, so daß eine zumutbare Erledigung des Verfahrens, sei es eine Einstellung gemäß § 153 a StPO (gegen Zahlung eines Geldbetrages), sei es eine Verurteilung zu einer zugesagten Geldstrafe oder zu einer zur Bewährung aussetzbaren Freiheitsstrafe zustande komme.

Die Wahrheit über das Tatgeschehen hatte schon längst dem „Handel mit der Gerechtigkeit" den Vorrang gelassen. *Wahrheitsfeststellung*, an sich ein Gebot der Gerechtigkeit, war infolge des – an sich unzulässigen und rechtlich unwirksamen – Verzichts, da auf Wahrheit nicht verzichtet werden kann, von beiden Seiten *gegenstandslos, überflüssig* geworden. Auf sie war – wenngleich rechtlich unzulässig, weil darauf nicht verzichtet werden kann – als Gegenstand eines Handels, eines Geschäfts, von beiden Seiten längst verzichtet worden. Denn *„deal"* und *Wahrheitsfeststellung* schließen sich einander aus.

Solches kannte das Strafprozeßrecht der DDR nicht, und solches wäre mit der Wirklichkeit des Strafverfahrens in der DDR absolut unvereinbar gewesen. In der DDR war die Wahrheit im Strafprozeß kein Gegenstand irgendwelcher Geschäfte, irgendwelchen Handels.

14) Im Gegensatz zur Theorie und Praxis des bundesdeutschen Strafprozesses war das Beweisrecht und die beweisrechtliche Praxis in der DDR völlig anders ausgestaltet. Zum einen wird, wie bereits erwähnt, von der prinzipiellen Erkennbarkeit auch des strafrechtlich relevanten Vorganges ausgegangen und zum andern demgemäß die Erforschung der materiellen objektiven Wahrheit zur zentralen Aufgabe der Strafverfolgungsbehörden gemacht (siehe oben §§ 2, 8, 22, 101 und 222

StPO/DDR). Wissenschaft und Praxis in der DDR schenkten diesen Fragen höchste Aufmerksamkeit.

In diesem Sinne hat das Oberste Gericht der DDR zum Zwecke der Erhöhung der Qualität der Beweisführung besondere Richtlinien erlassen. In diesem Rahmen kann selbstverständlich der Inhalt dieser Richtlinien nicht mitgeteilt werden. Es darf jedoch auf einige Gesichtspunkte hingewiesen werden.

Eindeutig und unmißverständlich ist – bereits in der Präambel – ausgesagt: Im Zweifel ist zu Gunsten des Beschuldigten oder des Angeklagten zu entscheiden. Richterliche Unabhängigkeit und Wissenschaftlichkeit der Beweisführung werden als einander bedingend angesehen. Sie gewährleisten die objektive und allseitige Feststellung der Wahrheit über die Straftat durch gesetzliche und unvoreingenommene Beweisführung. Ausgehend vom § 223 StPO/DDR, der vorschreibt, allen Beweisanträgen stattzugeben, wenn die beantragte Beweiserhebung für die Feststellung der Wahrheit erheblich sein *kann,* wird bei der inhaltlichen Bestimmung der Beweisführungspflicht des Gerichts dieses u. a. ausdrücklich verpflichtet, „Verteidigungsvorbringen zu prüfen und sich auf der Grundlage der getroffenen Feststellungen damit auseinanderzusetzen". Nur unter sehr engen *substanziellen* Voraussetzungen war die Ablehnung eines Beweisantrages zulässig (§ 223 Abs. 2 StPO/DDR). Hier finden wir keine formellen Voraussetzungen, Verteidigungsvorbringen „abzuwürgen".

Hinsichtlich des Umgangs mit Beweisanträgen, darunter entsprechenden Ablehnungsbeschlüssen, schreibt die Richtlinie vor, daß die Gründe so abzufassen sind, daß eine inhaltliche Nachprüfung der für die Ablehnung maßgeblichen Gesichtspunkte erfolgen kann. Ganz deutlich wird also *nicht auf formelle Mängel* oder Gründe bzw. Begründungsmöglichkeiten abgestellt, sondern auf die *inhaltliche Berechtigung* der Ablehnung.

Nach der DDR-Beweisrichtlinie wäre zumindest ein großer Teil der Ablehnungen von Beweisanträgen, wie wir sie vor bundesdeutschen Gerichten erleben, unmöglich. In der Beweisrichtlinie werden Anforderungen an die *Vorbereitung* der gerichtlichen Beweisaufnahme gestellt, so hinsichtlich der Auswahl der Beweismittel. Hierzu gehört auch eine auf das Gesetz gestützte Verpflichtung des Gerichts, sich die für die Verhandlung und Entscheidung erforderliche *Sachkunde*, gegebenenfalls durch Konsultationen, zu verschaffen. In der DDR sollte das Gericht also nicht unvorbereitet und nicht ohne die gebotene Sachkunde in die Verhandlungen gehen.

Im Unterschied dazu haben wir in zahlreichen Verfahren vor bundesdeutschen Gerichten feststellen müssen, daß sich die betreffenden Gerichte mit ihnen völlig fremden Verhältnissen und Vorgängen sowie mit einer ihnen fremden Rechtsmaterie überhaupt nicht oder nicht hinreichend vertraut gemacht hatten. Daß infolgedessen die betreffenden Entscheidungen des öfteren an der Wahrheit vorbeigingen, kann nicht verwundern.

15) Sehr ausführlich wird in dieser Richtlinie die Durchführung der gerichtlichen *Beweisaufnahme in der Hauptverhandlung* behandelt. Es wird festgelegt, die Beweisaufnahme auf die für die Prüfung und Feststellung der *Tatbestandsmäßigkeit* der Handlungen erforderlichen Tatsachen zu erstrecken. Damit wird für Inhalt und Umfang der Beweisaufnahme das *materielle Strafgesetz* mit den betreffenden *Tatbestandsmerkmalen* zum maßgeblichen Kriterium der Beweisaufnahme gemacht. Dem entsprach das Gebot der „tatbestandsmäßigen Ermittlung" im Ermittlungsverfahren, also eine auf den gesetzlichen Straftatbestand ausgerichtete Ermittlung.

Demgegenüber ist für das bundesdeutsche Strafverfahren, insbesondere für die Praxis der Polizei, vielfach auch der Staatsanwaltschaft, charakteristisch, einen Sachverhalt zu ermitteln und erst danach (durch die Staatsanwaltschaft) zu prüfen, inwieweit dieser unter einen Straftatbestand subsumiert werden kann. Dieselbe Denk- und Vorgehensweise spiegelt sich in den gerichtlichen Urteilen wider. Sie enthalten nicht selten weitschweifige allgemeine Darstellungen eines Sachverhalts – als tatsächliche Feststellungen des Tatrichters – und danach, vielfach recht summarisch, eine strafrechtliche Beurteilung bzw. Würdigung. Namentlich in den hier relevanten Strafverfahren vor bundesdeutschen Gerichten war des öfteren festzustellen, daß entweder diese strafrechtlich erheblichen Tatsachen nicht aufgeklärt wurden, mitunter aber strafrechtlich völlig irrelevante Beweiserhebungen – mit offensichtlich verfahrensfremden Zwecken, so der Diskriminierung der angeklagten DDR-Bürger – stattfanden.

Die Richtlinie des Obersten Gerichts der DDR beschäftigt sich eingehend auch mit der schwierigen Frage der Prüfung von *Geständnissen und Widerrufen* solcher. Auch insoweit dominiert das Erfordernis der inhaltlichen Prüfung – und nicht etwa rein formelle Gesichtspunkte. Auch die beweisrechtlich relevante Mitwirkung von *Kollektivvertretern* in der gerichtlichen Beweisaufnahme (gemäß §§ 4, 24, 36,53 und 227 StPO/DDR) – eine demokratische Form der Beteiligung der Bürger an der Strafjustiz, die die Bundesrepublik nicht kennt – wird beweisrechtlich präzise geregelt. Gemäß den gesetzlichen Vorschriften wird darauf abgestellt, daß die Aussagen von Kollektivvertretern in der Hauptverhandlung ein zulässiges Beweismittel sein können, so weit sie die *Mitteilung von Tatsachen* zum Inhalt hatten (§ 24 Abs. 2 StPO/DDR). Der Kollektivvertreter hat u. a. darzulegen, von welchen Umständen das Kollektiv bei der Beratung und Bildung seiner Auffassungen ausgegangen ist, damit das Gericht deren Begründetheit beurteilen kann. Eventuelle Widersprüche zwischen dem Protokoll über die Kollektivberatung und den mündlichen Aussagen des Kollektivvertreters waren zu klären.

16) Von besonderer Bedeutung ist, daß – anders als in der Bundesrepublik – in der DDR im Rechtsmittelverfahren (sei es aufgrund des Protestes des Staatsanwalts oder aufgrund der Berufung des Angeklagten) die Beweisaufnahme der ersten Instanz selbst und unmittelbar sowie *in vollem Umfang überprüft* werden konnte, und zwar entweder unter dem Gesichtspunkt ungenügender Aufklärung oder dem unrichtiger Feststellung des Sachverhalts (§ 291 Nr. 1 StPO/DDR). Auch konnten im Rechtsmittelverfahren neue Tatsachen vorgebracht werden (§ 288 Abs. 5 StPO/DDR).

Da das DDR-Strafprozeßrecht eine Beschränkung des Rechtsmittelverfahrens auf Rechtsfragen wie im bundesdeutschen Revisionsverfahren nicht kannte, konnte ausgeschlossen werden, daß objektiv falsche Feststellungen, also unwahre Tatsachen, unkorrigiert fortbestehen bleiben. Aus diesem Grunde bot das DDR-Strafprozeßrecht weitergehende Möglichkeiten, zumindest über das Rechtsmittelverfahren, zu wahren Erkenntnissen über den strafrechtlich relevanten Sachverhalt zu gelangen.

Resümierend darf ausgesprochen werden:

Unbeschadet bestimmter in jedem Justizwesen auftretender Mängel und Schwächen im einzelnen war das Beweisrecht des Strafprozesses der DDR von seiner *Anlage und Struktur* her dem bundesdeutschen, trotz dessen hohen Anspruchs auf „Rechtsstaatlichkeit", deutlich und prinzipiell *überlegen.*

Es gewährleistete – ganz anders als das bundesdeutsche Strafprozeßrecht – in hohem Maße die Feststellung *wahrer* Erkenntnisse über das Tatgeschehen als Grundlage des gerichtlichen Strafurteils.

Ein Nachtrag zum bundesdeutschen Beweisrecht

Das Landgericht (Schwurgericht) verurteilte einen Angeklagten wegen Körperverletzung mit Todesfolge zu einer Freiheitsstrafe von sieben Jahren; gleichzeitig wurde Haftbefehl erlassen, der sofort vollstreckt wurde. (Der soeben noch nicht rechtskräftig verurteilte Angeklagte wurde im Gerichtssaal in Haft genommen!)

Nachdem der Bundesgerichtshof das Urteil des Schwurgerichts Darmstadt aufgehoben und – bemerkenswerterweise – die Sache an eine Schwurgerichtskammer eines anderen Gerichts, nämlich des Landgerichts Frankfurt/M verwiesen hatte, kam dieses zu einer Verurteilung wegen Körperverletzung zu einer Freiheitsstrafe von sechs Monaten, die zur Bewährung ausgesetzt wurde.

Das Besondere an diesem Vorgang ist folgendes: Nach Beginn der Hauptverhandlung vor dem Schwurgericht Darmstadt bat der Vorsitzende aus eigener Initiative den Staatsanwalt und den Verteidiger ins Beratungszimmer und unterbreitete den Vorschlag, nur zu einer Freiheitsstrafe von zwei Jahren verurteilen zu wollen, die zur Bewährung ausgesetzt würde, falls der Angeklagte ein Geständnis ablegen würde.

Da dieser das Ansinnen des Vorsitzenden ablehnte, weil er in Notwehr gehandelt habe und freigesprochen werden wolle, kam es im Ergebnis des Verfahrens zum oben genannten harten Urteil.

In der mündlichen Urteilsbegründung Frankfurt/M führte der Vorsitzende u.a. aus: Bei der Entscheidung des Schwurgerichts Darmstadt sei der Grundsatz im Zweifel für den Angeklagten zu Lasten des Angeklagten „andauernd umgedreht" worden, die Urteilsgründe enthielten falsche Zitate und der Sachverständige habe sein Gutachten „nicht wiedererkannt". (Es kam die Frage auf, ob die von dem Schwurgericht Darmstadt verhängte überhöhte Strafe nicht eine „Rache" für die Ablehnung des Angebots des Vorsitzenden war.)

Übrigens: der Bundesgerichtshof als Revisionsgericht hat das Urteil nicht etwa wegen Beweiswürdigungsfehlern, sondern wegen anderer materiell-rechtlicher Fehler aufgehoben. Es hat also die mögliche Verdeckung möglicher Schwächen der tatsächlichen Feststellungen des Tatrichters des Landgerichts Darmstadt und ihrer Bewertung durch diesen selbst nicht festgestellt. Erst die Schwurgerichtskammer des Landgerichts Frankfurt/M war – nach der Aufhebung des Urteils des ersten Tatrichters – in der Lage, diese Fehler festzustellen.

Der vorliegende Fall bestätigt in eindrucksvoller Weise die immer von Verteidigern vorgetragene Klage, daß die Gerichte bei Ablehnung des von ihnen unterbreiteten Strafmaßangebots ungleich härtere Strafen verhängen. Dabei machen die Gerichte von dem weiten Beurteilungsspielraum Gebrauch, die dem Tatrichter bei der Beweiswürdigung nach bundesdeutschem Recht und bei der Anwendung des materiellen Rechts, so z.B. bei der in der bundesdeutschen Strafjustiz vorherrschenden sogenannten subjektiven Teilnahmelehre so sehr von der Sichtweise des Richters abhängende Abgrenzung von Beihilfe und Mittäterschaft sowie bei der Strafzumessung zustehen.

Dabei verstehen es die Gerichte, besonders wenn ein „sprachgewandter, problembewußter und strafrechlich versierter Berichterstatter“ die Urteilsgründe verfaßt, es so einzurichten, daß wegen der in der Bundesrepublik geltenden beweisrechtlichen Grundsätze und Praktiken solche Urteile mit einer Revision nicht mehr angreifbar sind.

Naziaufmärsche gehören zur bundesdeutschen Rechtsordnung

In Anrufen, Briefen und persönlichen Gesprächen beklagen sich immer wieder Menschen darüber, daß an verschiedensten Orten den Neofaschisten erlaubt wird, ihre provokatorischen Aufmärsche durchzuführen. Überdies geht, so wird berichtet, nicht selten die Polizei gegen Antifaschisten vor, die diese „braune Pest" nicht ertragen können und sich in den ihnen möglichen Formen dagegen zu wehren suchen.

So etwas gab es in der DDR nicht!

Hat der Faschismus in Deutschland wieder eine Heimstatt oder doch zumindest seine Duldung?

Ich bin gleichfalls empört und entrüstet über diese sichtbare Wiederbelebung des Faschismus in Deutschland.

Als Jurist darf ich aber nicht nur empört sein. Zunächst sei zur derzeitigen Rechtslage in der Bundesrepublik erläutert:

I.

Nach Art. 8 des Grundgesetzes (GG), das nach dem „Beitritt der DDR zum Geltungsbereich des Grundgesetzes" auf das Staatsgebiet der DDR, das sogenannte Beitrittsgebiet, erstreckt wurde, steht allen Deutschen (!) als ein Grundrecht das Recht zu, sich ohne Anmeldung oder Erlaubnis friedlich und ohne Waffen zu versammeln. Für Versammlungen unter freiem Himmel kann dieses Recht durch Gesetz oder aufgrund eines Gesetzes beschränkt werden.

Dieses Grundrecht als solches genießt in der Rechtsordnung der Bundesrepublik einen hohen Rang.

Das zeigt sich schon daran, daß in dem vorgenannten Art. 8 – abgesehen von möglichen Beschränkungen durch Gesetz oder aufgrund eines Gesetzes bei Versammlungen unter freiem Himmel – keinerlei Einschränkung zu finden ist. Das Grundgesetz spart sich auch in diesem Artikel jegliche inhaltliche Bestimmung der Grundrechte und jede inhaltliche Begrenzung desselben. Nach dem Wortlaut dieser Bestimmung steht – zumindest zunächst – auch Feinden der Demokratie, so den Neofaschisten, dieses Grundrecht zu.

In dem grundsätzlich unbeschränkten Grundrecht der Versammlungsfreiheit wird nach bundesdeutscher Kommentierung und Rechtsprechung, so auch der des Bundesverfassungsgerichts (BVerfG), eine wichtige Ergänzung zum Grundrecht der Meinungsfreiheit gesehen. Insbesondere soll es der Gewährleistung „kollektiver Meinungsbildung und -kundgabe im Kampf der Meinungen mit geistigen Mitteln“ dienen; es wird als „ein wichtiges Recht im Prozeß der demokratischen Meinungsbildungs- und Willensbildung“ angesehen.

Wie alle anderen Grundrechte auch richtet sich das Grundrecht der Versammlungsfreiheit nach der in der BRD herrschenden Grundrechtslehre gegen den Staat, gegen die öffentliche Gewalt in allen ihren Erscheinungsformen. Zugleich sei der Staat, die öffentliche Gewalt, durch dieses Grundrecht dazu verpflichtet, eine rechtmäßige Versammlung, auch eine von Neofaschisten, vor der Gewalt Dritter, so vor eventuellen Gegendemonstrationen von Antifaschisten, zu schützen!

Der Schutz der neofaschistischen Aufmärsche vor Gegendemonstrationen von Antifaschisten durch Einsatz von Polizeikräften ist somit durch die Rechtsordnung der Bundesrepublik geboten. Inwieweit Polizeikräfte bei einem solchen Einsatz aufgrund ihrer persönlichen politischen Einstellung oder aus anderen Gründen das gebotene Maß überschreiten und – auf dem Hintergrund der Legitimität ihres Polizeieinsatzes – gegen wirkliche oder angebliche Linksextremisten besonders brutal vorgehen oder sie in einer „juristischen Grauzone“ straflos schikanieren, ist eine andere Frage.

Die Erfahrung mit entsprechenden Strafanzeigen gegen Polizeibeamte zeigt, daß letztendlich zu oft das Recht nicht auf der Seite der antifaschistischen Gegendemonstranten steht, daß die Strafanzeigen, auch wegen der zeugenschaftlichen Kumpanei von Polizeibeamten, vielfach ins Leere gehen und die Verfahren letztlich eingestellt werden oder mit geringen Strafen enden.

Bei den unter dem Schutz des Art. 8 GG stehenden Versammlungen handelt es sich nicht um gewöhnliche Menschenansammlung, wie wir sie besonders auf Märkten, Ausstellungen, in Theater- und Filmvorführungen, Konzerten usw. erleben, sondern – wie es in den Kommentaren heißt – „um Zusammenkünfte zur Erörterung bestimmter Gegenstände“, wo „Meinungen zwecks Einwirkung auf Dritte, so besonders die Öffentlichkeit, kundgetan“ werden.

Art. 8 GG unterscheidet Versammlungen in Räumen – diese können, soweit sie friedlich und ohne Waffen stattfinden, grundsätzlich ohne Anmeldung oder Erlaubnis abgehalten werden – und Versammlungen unter freiem Himmel: Bei diesen sind Beschränkungen zulässig; da sie öffentlich stattfinden und auch öffentlichen Zugang erlauben, sind diese nicht nach außen abgeschlossen. Wegen ihrer besonderen potenziellen Gefährlichkeit für den öffentlichen Frieden kann bei solchen Versammlungen das Recht der Versammlungsfreiheit unter Sicherheitsgesichtspunkten durch Gesetz unmittelbar oder aufgrund eines Gesetzes beschränkt werden. Deshalb bedürfen solche Versammlungen einer Anmeldung bei der zuständigen Behörde.

Die Grundrechtsbestimmung des Art. 8 GG ist durch das Gesetz über Versammlungen und Aufzüge (VersammlG) (i. d. F. vom 11. August 1999) untersetzt. Erfreulicherweise überschreitet § 1 dieses Gesetzes die im Art. 8 GG zu findende Beschränkung dieses Grundrechts auf Deutsche. Im § 1 des VersammlG wird das Versammlungsrecht im Einklang mit Art. 11 der Europäischen Menschenrechtskonvention (EMRK) *jedermann,* also allen Menschen, zugestanden, nicht nur Deutschen.

Allerdings, darf der Jurist anmerken, findet sich diese menschenrechtskonforme Formulierung nur in einem einfachen Gesetz und nicht im auch nach 1990 unverändert gebliebenen Grundgesetz, das in der Bundesrepublik die Funktion einer Verfassung erfüllt; auch gilt die zum Völkerrecht gehörende Europäische Menschenrechtskonvention nach herrschender bundesdeutscher staatsrechtlicher Meinung und Rechtsprechung innerstaatlich nur als einfaches Bundesgesetz und steht somit unter dem Grundgesetz.

Bei Ausländern und Staatenlosen wird ihr Recht auf Versammlungsfreiheit verfassungsrechtlich aus dem allgemeinen Persönlichkeitsrecht des Artikels 2 Abs. 1 GG hergeleitet.

Nach Absatz 2 des § 1 VersammlG steht in Konkretisierung des Art. 8 GG das Versammlungsrecht nicht demjenigen zu, der das Grundrecht der Versammlungsfreiheit gemäß Art. 18 GG verwirkt hat. Eine solche Verwirkung und ihr Ausmaß müssen durch das BVerfG ausgesprochen worden seien.

Bekanntlich wurde gegen Veranstalter der neonazistischen Kundgebungen bisher eine solche Verwirkung durch das BVerfG nicht ausgesprochen.

Weiterhin hat nach dem vorgenannten Absatz 2 des § 1 VersammlG auch der das Recht auf Versammlungsfreiheit nicht, der mit der Durchführung oder Teilnahme an einer solchen Veranstaltung die Ziele einer nach Art. 21 Abs. 2 GG durch das BVerfG für verfassungswidrig erklärten Partei oder Teil- oder Ersatzorganisation einer Partei fördern will. Ebenso ist einer für verfassungswidrig erklärten Partei das Versammlungsrecht genommen.

Wie gut bekannt, wurde in der Bundesrepublik zwar die Kommunistische Partei Deutschlands am 17. August 1956 nach Art. 21 GG verboten. Aber weder die sich offen als neofaschistische Partei zeigende NPD noch die nicht minder eindeutig faschistische DVU wurden bisher vom BVerfG als verfassungswidrige Partei verboten. *(Zum mißlungenen NPD-Verbot siehe auch meinen Aufsatz in WBl 1/2002, S. 57 ff)*

Schließlich hat auch eine Vereinigung, die nach Art. 9 Absatz 2 GG durch die zuständige Behörde rechtskräftig verboten wurde, das Versammlungsrecht nicht mehr. Vereinigungen, deren Zwecke oder deren Tätigkeit den Strafgesetzen zuwiderlaufen oder die sich gegen die verfassungsmäßige Ordnung oder gegen den Gedanken der Völkerverständigung richten, können nämlich gemäß Art. 9 Abs. 2 GG verboten werden. Ein solches Verbot muß aber selbstverständlich in aller Form durch die zuständige Behörde ausgesprochen worden und auch nicht etwa im Zuge eines verwaltungsgerichtlichen Verfahrens aufgehoben worden, also rechtskräftig geworden sein.

Meines Erachtens bestehen in der Bundesrepublik durchaus Vereinigungen, bei denen eine Reihe von Tatsachen den Erlaß eines Verbotes derselben nahe legen. Bestrebungen gegen die verfassungsmäßige Ordnung und gegen den Gedanken der Völkerverständigung liegen auf der Hand. Solange jedoch noch kein rechtskräftiges Verbot verhängt ist, steht auch solchen Vereinigungen, die ein Verbot verdient haben, des Versammlungsrecht grundsätzlich zu.

Im Rechtsstaat Bundesrepublik kommt es zu einer Einschränkung des Rechts auf Versammlungsfreiheit, etwa für Feinde der Demokratie, für Neonazis, erst dann, wenn und erst dadurch, daß betreffende Personen, Parteien oder Vereinigungen wegen ihrer Verfassungswidrigkeit rechtskräftig bzw. justizförmig verboten wurden.

Bis dahin können sie – und das kann Jahre dauern – das Recht aus Art. 8 GG ausüben und gegen die Demokratie mißbrauchen.

Mit dem Verbot der KPD hatte das BVerfG in Karlsruhe etwa fünf Jahre zu tun!

Betraf § 1 Abs. 2 VersammlG die *generelle* Beschränkung des Versammlungsrechts von Grundrechtsträgern im Ergebnis rechtskräftiger bzw. justizförmiger Verbote (wie sie auch andere Grundrechte betreffen kann), so regelt § 15 dieses Gesetzes die Voraussetzungen des Verbotes und der Auflösung einer *bestimmten* Veranstaltung sowie die Erteilung von Auflagen für ihre Durchführung.

Nach § 14 des VersammlG ist eine öffentliche Versammlung unter freiem Himmel oder ein Aufzug spätestens 48 Stunden vor der Bekanntgabe der zuständigen Behörde unter Angabe des Gegenstandes der Versammlung oder des Aufzuges *anzumelden.*

Ein Verbot, eine Auflösung oder eine Auflage ist nach § 15 des VersammlG zulässig, wenn nach den zur Zeit des Erlasses der Verfügung erkennbaren Umständen die öffentliche Sicherheit oder Ordnung bei der Durchführung der Versammlung oder des Aufzuges *unmittelbar* gefährdet ist.

Damit werden an ein Verbot, an eine Auflösung oder an die Erteilung von Auflagen gegenüber dem Veranstalter einer Versammlung bzw. eines Aufzuges oder Aufmarsches hohe Anforderungen gestellt. Das entspricht dem eingangs bezeichneten hohen Rang des Rechts auf Versammlungsfreiheit.

Wer sich veranlaßt sieht, das Verbot einer neonazistischen Versammlung zu beantragen, muß somit hinreichende tatsächliche Umstände vortragen, aus denen sich bereits im voraus eine unmittelbare Gefährdung für die öffentliche Sicherheit bei der Durchführung der Veranstaltung ergibt.

Das dürfte, wie die Erfahrung zeigt, schwer sein. Denn die Veranstalter solcher neofaschistischen Aufmärsche kennen die Rechtslage und verstehen, sie für ihre antidemokratischen Zwecke auszunutzen; auch lassen sie sich von Rechtskundigen beraten.

Sie werden daher ihre Anmeldung so gestalten, daß sich daraus keine Anhaltspunkte für ein Verbot, für eine Auflösung oder für Auflagen ergeben.

Auch haben sie bei der Durchführung ihrer Aufmärsche zunehmend gelernt, diese frei von Symbolen zu lassen, die nach dem Strafgesetz verboten und unter Strafe gestellt sind, so die Verwendung von Kennzeichen verfassungswidriger Organisationen (§ 86 a StGB). Vielfach werden sie auch vermeiden, Propagandamittel verfassungswidriger Organisationen (§ 86 StGB) zu verbreiten, und sie werden auch eine nach § 130 StGB strafbare Volksverhetzung oder eine strafbare Billigung von Straftaten (§ 140 StGB), wie sie in Gestalt von Landfriedensbruch, Sachbeschädigung, Körperverletzung bis zu Mord und Totschlag in der „Reichskristallnacht" 1938, dem antijüdischen Pogrom, von Nazis massenhaft begangen wurde, unterlassen.

Die allgemeine nachvollziehbare Besorgnis, daß die provokativen neonazistischen Aufzüge und Aufmärsche zu Auseinandersetzungen oder Tätlichkeiten führen können, genügt nach der Rechtslage für ein Verbot und für eine Auflösung der Veranstaltung oder für die Erteilung von Auflagen nicht.

II.

Als Grundsatzentscheidung zur Frage der Versammlungsfreiheit darf der Beschluß des Ersten Senats des BVerfG vom 14. Mai 1985 angesehen werden, in der es um das Verbot von Demonstrationen gegen die Errichtung des Kernkraftwerks Brokdorf ging.

Seit dieser Grundsatzentscheidung gab es insbesondere zwei weitere vorliegend nicht uninteressante Entscheidungen des Bundesverfassungsgerichts, nämlich zu „Sitzdemonstrationen". Bei diesen ging es darum, ob eine Bestrafung von Teilnehmern an diesen Demonstrationen wegen Nötigung (§ 240 StGB) mit dem Prinzip der Strafgesetzlichkeit (Art. 103 Abs. 2 GG) sowie angesichts des hohen Ranges der Versammlungs- und Demonstrationsfreiheit mit dem Art. 8 GG vereinbar ist.

Konnte das Gericht am 11. November 1986 wegen Stimmengleichheit (4 zu 4) nicht feststellen, daß das Analogieverbot des Artikels 103 Abs. 2 GG verletzt wird, wenn die Strafgerichte § 240 StGB bei Sitzblockaden anwenden, so entschied am 10. Januar 1995 der personell anders zusammengesetzte Erste Senat bei einem leichten Stimmenübergewicht von fünf zu drei, daß die erweiterte Auslegung der vorgenannten Strafbestimmung verfassungswidrig und die Verurteilung wegen Nötigung gemäß § 240 StGB verfassungswidrig sei.

Es kommt also auch beim BVerfG sehr auf den Zeitpunkt und die personelle Zusammensetzung des Spruchkörpers an.

Entscheidungen des Bundesverfassungsgerichts zu Demonstrationen vor Neonazis sind hier nicht bekannt.

Da die vorgenannte Grundsatzentscheidung für die Rechtslage und die Frage der Verfassungsmäßigkeit von Demonstrationen vor Neonazis Bedeutung haben dürfte, soll auf diese näher eingegangen werden.

In der vorgenannten Entscheidung gelangte das BVerfG zu der Erkenntnis, daß die in den Ausgangsverfahren angegriffenen Maßnahmen sowie die zugrundeliegenden gesetzlichen Vorschriften die Beschwerdeführer in der im Art. 8 GG verankerten Freiheit beschränkten, die geplanten Demonstrationen durchzuführen.

Der Schutz des Art. 8 GG ist, so betont das BVerfG, nicht auf Veranstaltung beschränkt, auf denen argumentiert und gestritten wird, sondern umfaßt vielfältige Formen gemeinsamen Verhaltens bis hin zu nicht verbalen Ausdrucksformen; auch solche mit Demonstrationscharakter gehören dazu, bei denen die Versammlungsfreiheit zum Zwecke plakativer oder aufsehenerregender Kundgabe in Anspruch genommen wird.

Als Abwehrrecht, das auch und vor allem anders denkenden Minderheiten zugutekommt – bzw. kommen soll –, gewährleiste, meint das BVerfG, Art. 8 GG den Grundrechtsträgern das Selbstbestimmungsrecht über Ort, Zeitpunkt, Art und Inhalt der Veranstaltung; zugleich untersagt diese Bestimmung staatlichen Zwang, an einer öffentlichen Versammlung teilzunehmen oder ihr fernzubleiben.

In einem freiheitlichen Staatswesen gewähre das Grundrecht des Art. 8 GG das Recht, sich ungehindert und ohne besondere Erlaubnis zu versammeln – als Zeichen der „Freiheit, Unabhängigkeit und Mündigkeit des selbstbewußten Bürgers". In der Geltung für politische Veranstaltung verkörpere die Freiheitsgarantie zugleich eine Grundentscheidung, die in ihrer Bedeutung über den Schutz gegen staatliche Eingriffe in die ungehinderte Persönlichkeitsentfaltung hinausreicht.

Die Meinungsfreiheit werde seit langem zu den unentbehrlichen grundlegenden Funktionselementen eines demokratischen Gemeinwesens gezählt, das für einen freiheitliche demokratische Staatsordnung konstituierend ist. Denn dieses Recht ermögliche „die ständige geistige Auseinandersetzung und den Kampf der Meinungen als Lebenselement dieser Staatsform".

In seiner idealisierten Vorstellung von dem bundesdeutschen politischen System meint das BVerfG, könne die Versammlungsfreiheit „als Freiheit zur kollektiven Meinungskundgabe verstanden werden, auch wenn speziell bei Demonstrationen das argumentative Moment zurücktritt, welches bei der Meinungsfreiheit eine größere Rolle spielt".

Indem der Demonstrant seine Meinung in physischer Präsenz, in voller Öffentlichkeit und ohne Zwischenschaltung von Medien kundgibt, entfalte auch er seine Persönlichkeit in unmittelbarer Weise. „In ihrer idealtypischen Ausformung" – lesen wir weiter – „sind Demonstrationen die gemeinsame körperliche Sichtbarmachung von Überzeugungen, wobei die Teilnehmer einerseits in der Gemeinschaft mit anderen eine Vergewisserung dieser Überzeugung erfahren und andererseits nach außen gedanklich – schon durch die bloße Anwesenheit, die Art des Auftretens und des Umgangs miteinander oder die Wahl des Ortes – im eigentlichen Sinne des Wortes Stellung nehmen und ihren Standpunkt bezeugen", liest man wie in einem Lehr- oder Märchenbuch über die freiheitliche demokratische Grundordnung in der vorgenannten Entscheidung.

Die Gefahr, daß solche Meinungskundgabe demagogisch mißbraucht und in fragwürdiger Weise emotionalisiert werden könnte, könne im Bereich der Versammlungsfreiheit ebenso wenig maßgebend für die grundsätzliche Einschätzung sein wie auf dem Gebiet der Meinungs- und Pressefreiheit, glaubt das BVerfG. Damit sichert es auch Feinden der Demokratie, Neonazis, die Ausübung der Versammlungsfreiheit zu – bis der jeweilige Grundrechtsträger dieses Recht verliert.

Um die grundsätzliche Bedeutung der Versammlungsfreiheit zu erfassen, müsse die Eigenart des Willensbildungsprozesses im demokratischen Gemeinwesen berücksichtigt werden.

So gehe die freiheitlich-demokratische Ordnung, wie das BVerfG in seinem KPD-Verbotsurteil vom 17. August 1956 erklärte, davon aus, „dass die bestehenden, historisch gewordenen staatlichen gesellschaftlichen Verhältnisse verbesserungsfähig und -bedürftig seien", womit „eine nie endende Aufgabe gestellt" sei, die durch stets erneute Willensentscheidung gelöst werden müsse".

Ob das BVerfG dies auch heute so sieht und insbesondere, ob es in den Aktivitäten neofaschistischer Kräfte einen Beitrag zu dieser nie endenden Aufgabe sieht, wissen wir nicht.

Jedenfalls meint das BVerfG: „Der Weg zur Bildung dieser Willensentscheidung sei ein Prozeß von ‚trial and error' ..., der durch ständige geistige Auseinandersetzung, gegenseitige Kontrolle und Kritik ... die beste Gewähr für eine (relativ) richtige politische Linie als Resultante und Ausgleich zwischen den im Staat wirksamen politischen Kräften" biete.

In einer Demokratie müsse die Willensbildung vom Volk zu den Staatsorganen und nicht umgekehrt verlaufen; das Recht des Bürgers auf Teilhabe an der politischen Willensbildung äußere sich nicht nur in der Stimmabgabe bei Wahlen, sondern auch in der Einflußnahme auf den ständigen Prozeß der politischen Meinungsbildung, die sich in einem demokratischen Staatswesen frei, offen, unreglementiert und grundsätzlich „staatsfrei" vollziehen müsse.

Immerhin erkannte das BVerfG realistisch, daß „die Bürger an diesem Prozeß in unterschiedlichem Maße beteiligt sind", daß „große Verbände, finanzstarke Geldgeber oder Massenmedien beträchtlichen Einfluß ausüben können, während sich der Staatsbürger eher als ohnmächtig erlebt. In einer Gesellschaft, in welcher der direkte Zugang zu den Medien und Chance, sich durch sie zu äußern, auf wenige beschränkt ist, verbleibt dem einzelnen neben seiner organisierten Mitwirkung in Parteien und Verbänden im allgemeinen nur eine kollektive Einflußnahme durch Inanspruchnahme der Versammlungsfreiheit für Demonstrationen"!

Insoweit wird ein wichtiger Grund für die Berechtigung von Demonstrationen dargestellt.

Die ungehinderte Ausübung des Freiheitsrechts wirke nicht nur dem „Bewußtsein politischer Ohnmacht und gefährlichen Tendenzen zur Staatsverdrossenheit" entgegen. Sie liege letztlich auch deshalb im „wohlverstandenen Gemeinwohlinteresse“, weil sich im „Kräfteparallelogramm der politischen Willensbildung im allgemeinen erst dann eine relativ richtige Resultante herausbilden“ könne, wenn „alle Vektoren einigermaßen kräftig entwickelt sind“ – womit bereits damals auf ernste Probleme der bundesdeutschen Demokratie aufmerksam gemacht wurde.

„Namentlich in Demokratien mit parlamentarischen Repräsentativsystemen und geringen plebiszitären Mitwirkungsrechten“(!), meint das BVerfG weiter, habe die Versammlungsfreiheit die „Bedeutung eines grundlegenden und unentbehrlichen Funktionselements.“

„Andererseits“, erkennt das BVerfG, „ist hier der Einfluß selbst der Wählermehrheit zwischen den Wahlen recht begrenzt, die Staatsgewalt wird durch besondere Organe ausgeübt und durch einen überlegenen bürokratischen Apparat verwaltet.“

Die Akzeptanz der Entscheidungen der Behörden werde davon beeinflußt, ob zuvor die Minderheit auf die Meinungs – und Willensbildung hinreichend Einfluß nehmen konnte.

Demonstrativer Protest könne insbesondere notwendig werden, wenn die Repräsentativorgane mögliche Mißstände und Fehlentwicklungen nicht oder nicht rechtzeitig erkennen oder aus Rücksichtnahme auf andere Interessen hinnehmen, wie das BVerfG bereits vor fast 20 Jahren erklärte.

Die stabilisierende Funktion der Versammlungsfreiheit für das repräsentative System gestatte Unzufriedenen, Unmut und Kritik öffentlich vorzubringen und abzuarbeiten und fungiere als notwendige Bedingung eines politischen „Frühwarnsystems“, das Störpotenziale anzeige, Integrationsdefizite sichtbar mache und damit auch Korrekturen der offiziellen Politik möglich mache.

Ob das BVerfG auch im Jahre 2004 die Demokratie-Situation in diesem Lande so vorsichtig umschrieben würde, darf man sich heute fragen.

Trotz des hohen Ranges ist – wie das BVerfG weiter feststellt – die Versammlungsfreiheit nicht vorbehaltlos gewährleistet. Art. 8 GG garantiere nur das Recht, sich „friedlich und ohne

Waffen zu versammeln“, hinzukommt der Gesetzesvorbehalt für Versammlungen unter freiem Himmel. Denn bei diesen Versammlungen besteht wegen der Berührung mit der Außenwelt ein besonderer namentlich organisations- und verfahrensrechtlicher Regelungsbedarf.

Im Unterschied zur Weimarer Verfassung, die in Art. 123 ausdrücklich bestimmte, daß Versammlungen unter freiem Himmel „durch Reichsgesetz anmeldepflichtig gemacht und bei unmittelbarer Gefahr für die öffentliche Sicherheit verboten werden“ konnten, begnügt sich das Grundgesetz mit einem einfachen, scheinbar gegenständlich unbeschränkten Gesetzesvorbehalt.

Die Geltungskraft dieser Grundrechtsverbürgung bleibe aber nicht auf den Bereich beschränkt, den der Gesetzgeber ihr unter Respektierung ihres Wesensgehaltes beläßt.

Wie bei der Meinungsfreiheit, die nach dem Wortlaut der Verfassung zwar ihre Schranken in den Grenzen der allgemeinen Gesetze findet, deren Reichweite aber nicht beliebig durch einfache Gesetze relativiert werden dürfe, sei zu beachten, daß der Gesetzgeber die Ausübung der Versammlungsfreiheit nur zum Schutz gleichwertiger anderer Rechtsgüter unter strikter Wahrung des Grundsatzes der Verhältnismäßigkeit begrenzen darf.

So könne sich eine Notwendigkeit zu freiheitsbeschränkenden Eingriffen im Bereich der Versammlungsfreiheit daraus ergeben, daß der Demonstrant bei deren Ausübung Rechtspositionen Dritter beeinträchtigte. Aber auch bei solchen Eingriffen haben die staatlichen Organe die grundrechtsbeschränkenden Gesetze stets im Lichte der grundlegenden Bedeutung dieses Grundrechts im freiheitlich demokratische Staat auszulegen und sich bei ihren Maßnahmen auf das zu beschränken, was zum Schutze gleichwertiger Rechtsgüter notwendig ist.

Daraus folgt für unseren Gegenstand: Veranstaltern von neofaschistischen Demonstrationen wird eine starke Rechtspositionen zuerkannt.

Behördliche Maßnahmen, die über die Anwendung grundrechtsbeschränkender Gesetze hinausgehen und etwaigen

Zugang zu einer Demonstration durch Behinderung von Anfahrten und schleppende vorbeugende Kontrollen unzumutbar erschweren oder ihren staatsfreien unreglementierten Charakter durch exzessive Observationen und Registrierung verändern, sind mit den grundgesetzlichen Anforderungen unvereinbar, womit 1985 das Anliegen der Kernkraftgegner gestärkt wurde.

Dies liest sich heute wie die Beschreibung eines Idealzustandes, von dem die Bundesrepublik heute weiter entfernt ist denn je, die indessen als Anforderung an die behördlichen Maßnahmen demokratiefeindlichen neofaschistischen Kräften unvertretbaren Freiheitsraum gewährt.

Realistisch sieht das BVerfG auch Bedenken gegen die Unbestimmtheit der Eingriffsvoraussetzungen „Gefährdung der öffentlichen Sicherheit oder Ordnung" gegenüber; sie würden umso problematischer, als die Entscheidung über die Eingriffe im Ermessen der unteren Verwaltungsbehörden und der Vollzugspolizei liegen.

Der Begriff „der öffentlichen Sicherheit" umfaßt nach Polizeirecht den Schutz zentraler Rechtsgüter wie Leben, Gesundheit, Freiheit, Ehre, Eigentum und Vermögen des Einzelnen sowie die Unversehrtheit der Rechtsordnung und der staatlichen Einrichtungen, wobei in der Regel eine Gefährdung der öffentlichen Sicherheit angenommen wird, wenn eine strafbare Verletzung dieser Schutzgüter droht.

Unter „öffentliche Ordnung" wird nach Polizeirecht die Gesamtheit der ungeschriebenen Regeln verstanden, deren Befolgung nach den jeweils herrschenden sozialen und ethischen Anschauungen als unerläßliche Voraussetzung eines geordneten menschlichen Zusammenlebens innerhalb eines bestimmten Gebietes angesehen wird.

Das BVerfG teilte die Bedenken, daß die Begriffserklärung nach Polizeirecht allein noch keine verfassungskonforme Gesetzesanwendung sichere.

Verbot oder Auflösung setzen zum einen als ultima ratio voraus, daß das mildere Mittel der Auflagenerteilung ausgeschöpft sei.

Der Grundsatz der Verhältnismäßigkeit begrenze nicht nur das Ermessen in der Auswahl der Mittel, sondern ebenso das Entschließungsermessen der zuständigen Behörde.

Die grundrechtlich geschützte Versammlungsfreiheit habe nur dann zurückzutreten, wenn eine Güterabwägung unter Berücksichtigung der Bedeutung des Freiheitsrechts ergibt, daß dies zum Schutze anderer gleichwertiger Rechtsgüter notwendig ist.

Die Frage, ob der Schutz der Demokratien vor neofaschistischen, Demokratien feindlichen Aktivitäten zu solchen gleichwertigen Rechtsgütern gehört, wurde in der Brokdorf-Entscheidung des BVerfG nicht entschieden. Damals meinte dieses Gericht: keinesfalls rechtfertige jedes beliebige Interesse eine Einschränkung dieses Freiheitsrechts; Belästigungen, wie sich zwangsläufig aus der Massenhaftigkeit der Grundrechtausübung ergeben und sich ohne Nachteile für den Veranstaltungszweck nicht vermeiden lassen, werden Dritte im allgemeinen ertragen müssen. Aus bloßen verkehrstechnischen Gründen werden Versammlungsverbote umso weniger in Betracht kommen, als in aller Regel ein Nebeneinander der Straßenbenutzung durch Demonstranten und fließenden Verkehr durch Auflagen erreichbar ist.

Verbot und Auflösungen seien keine Rechtspflicht der zuständigen Behörde, sondern eine Ermächtigung, von welcher die Behörde angesichts der hohen Bedeutung der Versammlungsfreiheit im allgemeinen nur dann pflichtgemäß Gebrauch machen darf, wenn weitere Voraussetzung für ein Eingreifen hinzukommen, so nur bei einer „unmittelbaren Gefährdung“ der öffentlichen Sicherheit oder Ordnung statthaft. Durch das Erfordernis der Unmittelbarkeit werden die Eingriffsvoraussetzungen stärker als im allgemeinen Polizeirecht eingeengt. Erforderlich sei im konkreten Fall eine Gefahrenprognose. Die Grundlagen dieser Prognose, einer Wahrscheinlichkeit müssen ausgewiesen werden. Sie müssen auf „erkennbaren Umständen“ beruhen, auf Tatsachen, Sachverhalten und sonstige Einzelheiten; bloßer Verdacht oder Vermutungen können nicht ausreichen.

Den besorgten Bürgern, die ein Verbot neofaschistischer Demonstrationen fordern, wird diese Argumentation und Sichtweise ins Gesicht schlagen.

Angesichts der Bedeutung der Versammlungsfreiheit darf die Behörde insbesondere bei Erlaß eines vorbeugenden Verbotes keine zu geringen Anforderung an die Gefahrenprognose stellen, zumal ihr bei irriger Einschätzung noch die Möglichkeit einer späteren Auflösung verbleibt.

Aufgrund von Erfahrungen mit anderen Demonstrationen, zu denen aber nicht die neofaschistischen gehören, gilt, meint das BVerfG:

Bei Klarstellung der Rechtslage sollten beiderseits Provokationen und Aggressionsanreize unterbleiben; die Veranstalter sollten auf die Teilnehmer mit dem Ziel friedlichen Verhaltens unter Isolierung von Gewalttätern einwirken; die Staatsmacht sollte sich – gegebenenfalls unter Bildung polizeifreier Räume (!) – besonnen zurückhalten und übermäßige Reaktionen vermeiden; eine rechtzeitige Kontaktaufnahme wird empfohlen, bei der beide Seiten sich kennenlernen, Informationen austauschen und möglicherweise zu einer vertrauensvollen Kooperation finden, welche die Bewältigung auch unvorhergesehener Konfliktsituationen erleichtert.

Jedenfalls sei die neuere verfassungsgerichtliche Rechtsprechung heranzuziehen, wonach die Grundrechte nicht nur die Ausgestaltung des materiellen Rechts beeinflussen, sondern zugleich Maßstäbe für eine den Grundrechtsschutz effektuierenden Organisations- und Verfahrensgestaltung sowie für eine grundrechtsfreundliche Anwendung vorhandener Verfahrensvorschriften abgeben. An die staatlichen Behörden ergeht die Forderung, nach dem Vorbild friedlich verlaufener Großdemonstrationen versammlungsfreundlich zu verfahren und nicht ohne zureichenden Grund hinter bewährten Erfahrung zurückzubleiben.

Dieser Erfahrungen sollten nicht nur in Erwägung gezogen, sondern auch tatsächlich erprobt werden.

Wie soll das bei neofaschistische Demonstrationen aussehen?

Die Bereitschaft einzelner, als Veranstalter oder Leiter verantwortlich in Erscheinung zu treten, mag auch deshalb abgenommen haben – meint das BVerfG nicht ohne Grund –, weil das Risiko, straf- und haftungsrechtlich herangezogen zu werden, mangels klarer Vorschriften und kalkulierbarer Rechtsprechung zumindest zeitweise unabsehbar war.

Es sei in erster Linie Sache des Gesetzgebers, aus solchen Veränderungen und Erfahrungen Konsequenzen zu ziehen. Bis dahin lasse sich nicht ausschließen, daß die versammlungsrechtliche Regelung als lückenhaft beurteilt werden muß.

Seit der Brockdorf-Entscheidung des BVerfG hat sich, so weit ich sehe, nicht viel getan; ergänzt wurde das Versammlungsgesetz indessen durch das Vermummungsverbot und die Befugnis der Polizei zu Bild- und Tonaufnahmen von Demonstrationen.

Auch der Ausgangsfall, bei dem es zu Gewalttätigkeiten gekommen war, gebe keinen Anlaß zur genaueren Grenzziehung zwischen hinnehmbaren Einwirkungen und unfriedlichem Verhalten.

Ein Teilnehmer verhält sich jedenfalls dann unfriedlich, wenn er Gewalttätigkeiten gegen Personen oder Sachen begeht.

Von den Demonstranten sei ein friedliches Verhalten umso mehr zu erwarten, als sie dadurch nur gewinnen können, während sie bei gewalttätigen Konfrontationen am Ende stets der Staatsgewalt unterliegen werden und zugleich die von ihnen verfolgten Ziele verdunkeln.

Für die friedlichen Teilnehmer muß der von der Verfassung jedem Staatsbürger garantierte Schutz der Versammlungsfreiheit auch dann erhalten bleiben, wenn einzelne andere Demonstranten oder eine Minderheit Ausschreitungen begehen, andernfalls könnte dies zum Fortfall des Grundrechtsschutzes führen, hätte es der „Täter“ in der Hand, Demonstrationen „umzufunktionieren“ und entgegen dem Willen der anderen Teilnehmer rechtswidrig werden zu lassen.

Ein vorbeugendes Verbot der gesamten Veranstaltung wegen

befürchteter Ausschreitungen einer gewaltorientierten Minderheit sei nur unter strengen Voraussetzungen und unter verfassungskonformer Anwendung des § 15 VersammlG zulässig.

III.

Mit seinem Spruch vom 14. Mai 1985 stellte sich das BVerfG weitgehend auf die Seite der Kernkraftgegner.

Aber mit denselben juristischen Argumenten könnten auch antidemokratische neofaschistische Kräfte ihre Demonstrationen, Aufzüge und Aufmärsche rechtfertigen.

Das ist die Konsequenz einer rein formalen, politisch völlig neutralen Umschreibung des Inhalts von Grundrechten.

Dies wird deutlich bei einer Gegenüberstellung der Rechtslage in der DDR. Denn im Unterschied zum GG gewährte Art. 28 der Verfassung der DDR von 1968 jedem Bürger der DDR nur das Recht, sich im Rahmen der *Grundsätze und Ziele der Verfassung* friedlich zu versammeln. Hinzugefügt wurde im Absatz 2, daß die Nutzung der materiellen Voraussetzungen zu unbehinderter Ausübung dieses Rechts, der Versammlungsgebäude, Straßen und Kundgebungsplätze, Druckereien und Nachrichtenmittel gewährleistet wird.

Der entscheidende Unterschied besteht somit darin, daß die Verfassung der DDR das vorgenannte Grundrecht von vornherein nur im Rahmen der Grundsätze und Ziele der Verfassung einräumte und somit von vornherein Kräften und Bestrebungen, die nicht den Grundsätzen und Zielen der Verfassung der DDR entsprachen, so Neofaschisten, dieses Grundrecht versagte.

In der DDR wurden auch insoweit die Erfahrungen und Erkenntnisse der Antifaschisten verwirklicht, daß Faschismus nicht lediglich eine (andere) Meinung sei, sondern ein Verbrechen ist.

In der DDR-Verfassung von 1949, deren Text als Entwurf einer gesamtdeutschen Verfassung zuvor über viele Monate in ganz Deutschland diskutiert worden war, gewährte Art. 9 allen Bürgern das Grundrecht der Meinungs- und der Versammlungsfreiheit – innerhalb der Schranken der für alle geltenden Gesetze –, wobei zwischen der Meinungs- und der Versammlungsfreiheit ein direkter Zusammenhang gesehen wurde, weshalb beide in einem Artikel geregelt wurden.

Man muß hinzufügen, daß das allererste und allerelementarste Grundrecht, das der Gleichberechtigung, im Art. 6 in Gestalt des Abs. 2 eine klare inhaltliche Bestimmung und Begrenzung desselben enthielt, indem – aufgrund der Erfahrungen in der Weimarer Republik – festgestellt wurde, daß Boykotthetze gegen demokratische Einrichtungen und Organisationen, Mordhetze gegen demokratische Politiker, Bekundung von Glaubens-, Rassen-, Völkerhass, militaristische Propaganda sowie Kriegshetze ... Verbrechen im Sinne des Strafgesetzbuches sind.

Das Versammlungsrecht des Artikels 28 der DDR-Verfassung (von 1968) gehört nach der offiziellen Kommentierung dieser Verfassung wie das Recht der freien Meinungsäußerung und das Recht auf Vereinigung (Art. 27 und 29) zu den Existenzbedingungen der sozialistischen Demokratien. Bei der weiteren Kommentierung wird davon ausgegangen, daß von diesem Recht insbesondere die politischen Parteien, die Nationale Front des demokratischen Deutschland und die gesellschaftlichen Organisationen Gebrauch machen. Diese Versammlungsfreiheit sei in der DDR deshalb real, weil die Bürger die Versammlungsdemokratien vorrangig nutzen, um sich mit den entscheidenden Aufgaben und Problemen der gesellschaftlichen Entwicklung vertraut zu machen, hierzu ihre Meinung zu bilden und zu bekunden, gemeinsame Aufgaben herauszuarbeiten und festzulegen und so schöpferisch an der Gestaltung der Gesellschaft mitwirken.

Die in Art. 28 genannten Grundsätze und Ziele der Verfassung, in deren Rahmen die Versammlungsfreiheit garantiert ist, sind besonders in der Präambel und im Abschnitt 1 der Verfassung enthaltenen, insbesondere den Weg des Friedens, der sozialen Gerechtigkeit, der Demokratie, des Sozialismus und der Völkerfreundschaft unbeirrt weiter zu gehen.

Verfassungswidrig ist dagegen jeder Mißbrauch dieses Rechts

gegen die Interessen der Werktätigen, sei es zum Zwecke militaristischer oder revanchistischer Propaganda, der Kriegshetze oder Glaubens-, Rassen- und Völkerhass zu schüren, sei es für antisozialistische Tätigkeit, die mit freiheitlichen oder demokratischen Losungen getarnt wird.

Es wird daran erinnert, daß die Versammlungsfreiheit in der DDR im Kampf um die Beseitigung der imperialistischen Herrschaft mit der Errichtung der sozialistischen Ordnung errungen wurde. Sie kann daher keine Freiheit für eine dem Sozialismus feindliche Betätigung sein.

Die Durchführung der Versammlungen (Kundgebung, Demonstration usw.) muß friedlich und ohne Störung der öffentlichen Ordnung, ohne Bedrohung des Lebens oder der Gesundheit der Bürger und ohne Schädigung von sozialistischem oder persönlichem Eigentum durchgeführt werden. Das ist unerläßlich, weil der sozialistische Staat diese schützt.

Der Gewährleistung der Versammlungsfreiheit diente zunächst die in der Verordnung vom 29. März 1951 vorgesehene Anmeldepflicht von Veranstaltungen (Verordnung über die Anmeldepflicht von Veranstaltungen), wonach unter bestimmten Voraussetzungen, besonders für Veranstaltung auf öffentlichen Straßen oder Plätzen, eine Anmeldung erforderlich ist, um Störungen der öffentlichen Ordnung oder eine Beeinträchtigung des Anstellungsablaufs zu begegnen.

Seit 1980 galt in der DDR die Verordnung über die Durchführung von Veranstaltungen (Veranstaltungsverordnung – VAVO) vom 30. Juni 1980.

In Konkretisierung des Artikels 28 der Verfassung werden bestimmte Veranstaltungen für anmelde- bzw. erlaubnispflichtig bestimmt.

Von dieser Verordnung werden indessen ausdrücklich nicht erfaßt Familienfeiern und andere, sich aus dem sozialistischen Zusammenleben ergebende Zusammenkünfte in Wohnungen oder auf Grundstücken der Bürger sowie in Gemeinschaftseinrichtungen von Mieter- und Wohngemeinschaften angesehen.

Ebenso sind von der Anmelde- bzw. Erlaubnispflicht (außer für öffentliche Tanzveranstaltungen) ausgenommen: Veranstaltung der politischen Parteien und der staatlichen Organe, der in der Volkskammer vertretenen Massenorganisationen, der staatlichen Einrichtungen, der Volkseigenen Betriebe, der Ausschüsse der Nationalen Front, Sportveranstaltungen sowie Veranstaltungen der Universitäten, Akademien, Hoch- und Fachschulen, kulturelle Veranstaltungen der Theater, Museen usw., Veranstaltung mit ausschließlich religiösen Charakter der beim zuständigen staatlichen Organen erfaßten Kirchen und Religionsgemeinschaften.

Damit wurde klargestellt, in welchem enormen Umfang die Veranstaltungsverordnung nicht aktuell werden konnte, das Recht der Versammlungsfreiheit ohne jegliche Einschränkung garantiert wurde.

In § 3 Abs. 1 war die Anmeldepflicht für Veranstaltungen in Räumlichkeiten und die Erlaubnispflicht für öffentliche Tanzveranstaltungen und Veranstaltungen im Freien geregelt.

Im übrigen galt in der DDR auch bezüglich der Grundrechte stets das Prinzip der Einheit von Rechten und Pflichten; wie Karl Marx feststellte: „Keine Pflichten ohne Rechte, keine Rechte ohne Pflichten!" (Marx Engels Werke 17, Berlin 1971, S. 441)

Dieses Konzept der Einheit von Rechten und Pflichten hebt weder die Rechte noch die Pflichten auf und stellt auch keine platte Identität zwischen diesen her. Vielmehr geht es darum, daß im gesellschaftlichen Leben dort, wo Rechte sind, auch Pflichten bestehen müssen.

Vorliegend steht dem Versammlungsrecht die Verpflichtung gegenüber, bei der Durchführung der Versammlung die Rechte anderer Schutzgüter wie Leben, Gesundheit usw. zu achten, weshalb in der Veranstaltungsverordnung eine Anmeldung bestimmter Veranstaltung vorgesehen ist.

IV.

Die politische Klasse der Bundesrepublik, die in ihr herrschenden Klassenkräfte, wollten zu keiner Zeit eine scharfe Abgrenzung zum Hitler-Faschismus und haben solche auch weder in der Gesetzgebung noch in anderen politischen Maßnahmen vorgenommen.

Schon dem Grundgesetz als solchem – im Unterschied zu den Verfassungen der DDR – ist nicht entnehmbar, daß das deutsche Volk vom Hitlerfaschismus befreit wurde; die Masse der Deutschen und namentlich die in der Bundesrepublik tonangebenden Kräfte sahen sich 1945 in erster Linie besiegt, aber nicht befreit.

Die in der Bundesrepublik vorherrschenden staatsrechtlichen Auffassungen gehen nicht davon aus, daß das Deutsche Reich, das Dritte Reich, unter den Schlägen der Alliierten im Mai 1945 untergegangen ist. Vielmehr bestand es – auch während der Spaltung Deutschlands – zumindest de jure fort. Zwischen Deutschem Reich und Bundesrepublik wird vielfach sogar Identität angenommen. Das spiegelt sich auch darin wieder, daß sich die Bundesrepublik selbst, ihre maßgeblichen staatlichen Behörden, auch die Gerichte und namentlich der Bundesgerichtshof (BGH), in der Tradition des Deutschen Reiches, der BGH in der Tradition des Reichsgerichts, auch des nazistischen, stehend sieht.

Durch Art. 131 des Grundgesetzes wurde den ehemaligen Angehörigen des öffentlichen Dienstes des Deutschen Reiches die „wohlerworbenen" Versorgungen (Pensionen) gesichert. Diese Frage war den Vätern des Grundgesetzes so wichtig, daß sie sie im Grundgesetz verankerten und nicht ein einfaches Gesetz dafür als ausreichend ansahen. Alsbald wurde ein besonderes „Gesetz zur Regelung der Rechtsverhältnisse der unter Art. 131 GG fallenden Personen" (zuletzt geändert am 27. Dezember 1993) erlassen.

Bekannt, ja offenkundig ist die umfängliche Übernahme alter Beamter, Richter, Staatsanwälte, aber auch Offiziere, die bereits Hitler gedient hatten, in Westdeutschland bzw. in der Bundesrepublik. Ehemalige Nazibeamte, Kriegsverbrecher und Militaristen kamen in Schlüsselpositionen der Bundesrepublik. Hitler-Generale wie Speidel, Heusinger, Kammhuber übernahmen höchste Kommandostellen in der Bundeswehr. Als Minister und Staatssekretäre der Bundesregierung fungierten ehemalige aktive Nazis wie Oberländer, Globke und Seebohm. 80 Prozent der Beamten des Bonner Außenministeriums waren schon in der Nazizeit Mitarbeiter des faschistischen Auswärtigen Amtes gewesen. Nahezu 90 Prozent der Richter und Staatsanwälte in Westdeutschland bzw. in der Bundesrepublik hatten diese Ämter bereits in der Nazizeit inne. Die revanchistischen Landsmannschaften und militaristische Soldaten- und Traditionsverbände treten immer stärker mit staatlicher Förderung hervor und bestimmen mit ihren unverblümt expansionistischen Forderungen nach wie vor das Gesicht der Bundesrepublik.

Aufgrund dessen ist und wäre es ausgeschlossen, daß sich dieser Staat hinreichend scharf und eindeutig vom Hitlerfaschismus abgrenzt und distanziert.

Im ganzen Grundgesetz gibt es nur eine einzige spezielle Vorschrift zum „Nationalsozialismus", nämlich den Art. 139 mit der ursprünglichen Überschrift „Befreiungsgesetze" bzw. später „Fortgelten der Vorschriften über Entnazifizierung", nach der die zur „Befreiung des deutschen Volkes vom Nationalsozialismus und Militarismus" erlassenen Rechtsvorschriften von den Bestimmungen des Grundgesetzes „nicht berührt" werden.

Der in diesem Artikel 139 enthaltener Vorbehalt gilt ausdrücklich nur für das beim Inkrafttreten des Grundgesetzes vorhandene Entnazifizierungsrecht, dessen Grundzüge besatzungsrechtlichen Ursprungs sind. Die von den Alliierten geschaffenen Entnazifizierungsvorschriften konnte der bundesdeutscher Gesetzgeber im Jahr 1949 wahrlich nicht außer Acht lassen.

Klarheit besteht indessen allgemein in der Bundesrepublik darüber, daß der Zweck dieser „Übergangsbestimmung" sich darin erschöpft, die vorbehaltenen Vorschriften „unabhängig von ihrer rechtsstaatlichen Problematik und ihrer Übereinstimmung mit den Grundrechten" (!) in den neugeschaffenen Verfassungszustand zu überführen und den planmäßigen Abschluß der Entnazifizierung ohne Gefährdung ihrer Rechtsgrundlagen zu ermöglichen. Allerdings will das Grundgesetz diese Entnazifizierungsvorschriften nicht „konservieren, d. h. nicht auf Dauer in ihrem Bestand schützen".

Mit dem letzten Entnazifizierungsabschlußgesetz im Jahr 1953 sei dieser Artikel 139 gegenstandslos geworden!

Die Vorschrift des Artikels 139 enthält, wie in Kommentaren ausdrücklich betont wird, **keine** fortdauernde **antinationalsozialistische Grundentscheidung** der Verfassung.

Soweit nationalsozialistische Bestrebungen im Parteien-, Vereins- oder Versammlungsrecht eine Rolle spielen – was der Gegenstand dieses Aufsatzes ist – argumentiert die Rechtsprechung nicht mit Art. 139 GG! Soweit gegen faschistischen Bestrebungen überhaupt „argumentiert" wird, so geschieht dies ausschließlich mit den oben dargestellten formalen Elementen des Parteien-, Vereins- und Versammlungsrechts, und zwar in der dargestellten Weise.

Demgegenüber enthielt die Verfassung der DDR von 1949 in den Artikeln 5 und 6 eine eindeutige antifaschistische Aussage; im gleichen Sinne ist eine solche „Antifaschismusklausel" in den Artikeln 6 und 8 sowie 91 der Verfassung der DDR von 1968 zu finden.

Als schon vor Jahren die Wiederbelebung faschistischen Gedankenguts unübersehbar wurde, sah sich der Präsident des Zentralrats der Juden in Deutschland, Herr Paul Spiegel, genötigt zu erklären: „Wehret den Anfängen, heißt es oft, wenn es um den Kampf gegen den Rechtsextremismus geht. Doch wir sind längst über dieses Stadium hinaus. Was wir fast täglich erleben, hat nichts mehr mit ‚Anfängen' zu tun."

Angesichts dieser Situation in Deutschland brachte die Fraktion der PDS in den Bundestag eine Vorlage ein, um eine Antifaschismusklausel in das Grundgesetz zu bringen, nämlich einen „Entwurf eines Gesetzes zur Änderung des Grundgesetzes".

Dieser Antrag wurde nicht nur, wie bekannt, abgelehnt und verworfen. Vor allem wurde in der Debatte dieses Antrags am 16. Februar 2001 die Auffassung vertreten, dann bedürfe es auch einer entsprechenden Bestimmung gegen den „Linksextremismus". *(Siehe meinen Beitrag „Antifaschismusklausel ins Grundgesetz?" in den WBl. 1/2001, S. 27 ff.)*

In diesem Zusammenhang ist daran zu erinnern, daß zu den ersten politischen Aktivitäten der Regierung Adenauer neben dem Einbringen des offen gegen die Kommunisten gerichteten 1. Strafrechtsänderungsgesetzes („Blitzgesetz") ein am 22.11.1951 beim Bundesverfassungsgericht gestellter Antrag auf Verbot der Kommunistischen Partei Deutschlands gehörte.

In heuchlerischer Weise stellt diese Regierung bei diesem Gericht gleichzeitig auch einen Antrag auf Verbot einer politisch unbedeutenden rechten Partei, der „Sozialistischen Reichspartei", SRP, um den Anschein zu erwecken, man wende sich sowohl gegen „Linksextremismus" wie auch gegen „Rechtsextremismus".

In der Praxis gab es jedoch große Unterschiede: gegen Kommunisten und solche, die für Kommunisten gehalten wurden oder mit ihnen kooperierten, wurden in riesiger Zahl rechtswidrige Strafverfahren durchgeführt, darunter auch solche, die das BVerfG später als verfassungswidrig kennzeichnen mußte. Denn bis zum Verbot der KPD war diese eine legale Partei und daher eine Strafverfolgung ihrer Mitglieder allein wegen Zugehörigkeit zu dieser Partei oder wegen legitimen Wirkens für sie unzulässig; die darauf gestützte Strafbestimmung des § 90 a Abs. 3 StGB war verfassungswidrig. Diese Vorschrift verlegte lediglich die Strafverfolgung auf den Zeitraum nach einem dahingehenden Verbotsurteil des BVerfG, wobei eine Strafbarkeit entsprechender Handlungen gleichwohl angenommen wurde.

Nach dem Spruch des BVerfG vom 21. März 1961 war diese verfassungswidrige Bestimmung nichtig.

Auf der gleichen heuchlerischen Linie, sich sowohl gegen den Linksextremismus wie gegen den Rechtsextremismus zu wenden, bewegte sich die Debatte im Bundestag zu dem Antrag der PDS, eine Antifaschismusklausel im Grundgesetz zu verankern.

Auch der Bundestag des Jahres 2000 wollte keine konsequente Abgrenzung vom Faschismus.

Demgegenüber ist in tatsächlicher Hinsicht über jeden Zweifel erhaben und durch die letzten Jahre zunehmend belegt, daß Elemente faschistischen Gedankenguts, so besonders der

Nationalismus, Ausländerfeindlichkeit und auch antisemitische Züge, sich nicht nur auf den „rechten Rand“ der Gesellschaft beschränken, sondern „in der Mitte der Gesellschaft“ beheimatet sind. Beispiele gibt es zur Genüge.

Schon zeigt sich das Ausland darüber besorgt.

Die vorstehend beschriebene Rechtslage und die verfassungsrechtliche Rechtsprechung leisten faschistischen Bestrebungen Vorschub. Sie erleichtern und ermöglichen das Vordringen des Neofaschismus in Deutschland.

ISBN-10: 3-360-01077-9
ISBN-13: 978-3-360-01077-3

Neue Grünstraße 18, 10179 Berlin

Titel: ansichtssache – Büro für Gestaltung, Berlin
Druck und Bindung: Salzland Druck, Staßfurt

Die Bücher der edition ost und des Verlags Das Neue Berlin
erscheinen in der Euenspiegel Verlagsgruppe

www.edition-ost.de